평설자치통감

권002

평설자치통감

권002

전국시대 02

권중달 지음

도서
출판 삼화

들어가면서

　《자치통감》을 번역하고 출판한지 벌써 5년이 지났다. 그동안 경향 각지의 많은 독자들의 격려와 고언을 받으면서 독자들에게 한걸음 다가가는 책이 필요하다고 절감하였다.

　독자들 가운데 원문(原文)을 보고자 하는 사람이 많고, 또 사료라 할 원문에 대한 일정한 정도의 해설적 설명인 평설(評說)이 필요하다는 독자도 있었다. 번역을 원문과 대조해 보면서 읽는다면 훨씬 그 맛을 더할 수 있기 때문이고, 다른 한편으로는 평설을 통하여 원문에 대한 역사기록을 깊이 있게 이해하고자 함이었다.

　이에 한 걸음 더 나아가서 귀에 익숙한 《통감절요》와 《자치통감강목》이 《자치통감》 가운데 어느 부분을 생략하였고, 또 어떻게 줄였는지를 보여 주는 것도 독자들에 대한 봉사라고 생각하였다.

그리하여 번역문과 《자치통감》의 원문 그리고 그 부분에 해당하는 《통감절요》와 《자치통감강목》의 원문을 실어서 비교할 수 있도록 하였다. 이는 이 책을 통하여 통감학에 대한 입체적 검토를 할 수 있게 하려는 것이다.

이 《평설자치통감》은 《자치통감》에 실린 내용을 역사적 이해를 돕기 위한 것이므로 내가 계속 추진하였던 또 다른 방향에서의 '자치통감 행간읽기'이다. 이 책이 역사기록을 보는 안목을 조금이라도 높이는데 도움이 되기를 바라는 마음이다.

2015년 10월
권중달 적음

목차

중원을 둘러 싼 각국의 각축전

이 책은 《자치통감》 전 294권 가운데 002권이며, 주 현왕 원년(기원전 368년)부터 현왕 48년(庚子, 기원전 321년)까지 48년간의 역사를 기록하였다.

이미 춘추시대적 예의질서가 무너진 상황에서는 모든 나라들이 부국강병 정책을 펴야 했다. 이는 우선은 스스로를 지키는 것이며, 나아가서 동시대 이웃을 무너뜨리고 더 큰 국가로 발전하기 위한 것이었다.

그러기 때문에 이러한 시대에 걸맞은 정책을 펴려는 사람들이 많이 등장한다. 우선 서쪽으로 치우쳐 있어서 중원 국가로부터 괄시를 받았던 진(秦)나라에서 효공(孝公)이 등장하면서 자기들을 멸시한 동방의 6국과 대결하기 시작한다.

그리고 법가인 위앙(魏鞅, 상앙)이 어떻게 진(秦)으로 들어가서 혁신적인 정책을 펼치고, 어떻게 진을 부강하게 만들었는지에 관한 이야기가 실려 있다. 그리고 이때에 전쟁의 중요성 때문에 병법의 대가들이 나타났는데, 그 가운데 동무 수학한 손빈(孫賓)

과 방연(龐涓)의 대결과 결과가 서술되어 있다.

그뿐만 아니라 진(秦)에서는 부강한 나라가 되기 위하여 많은 인재를 채용하는데, 그 가운데 상앙뿐만 아니고 오고대부 같은 인물의 사적도 기록하고 있다. 그리고 전국시대에 활동한 유가인 맹자의 정치철학을 볼 수 있는 내용도 있다.

그리고 정치외교학에서 중요하게 다루는, 당시에 가장 강한 진(秦)과 화의할 것이냐 아니면 6국이 단결하여 진을 막을 것이냐를 두고 여섯 나라가 손익을 계산하게 만든 합종연형책이 실려 있다. 그리하여 한 몸으로 6국의 재상을 겸한 소진의 이야기와 소진 이후로 진을 도와서 합종책을 깨고 6국을 각개 격파하기 위해 6국에게 연형책을 쓰도록 권고한 장의의 논리도 볼 수 있다.

그 외에 전국시대의 사공자의 하나인 맹산군의 활동과 그 사람됨을 볼 수 있는 내용이 실려 있다.

[일러두기]

1. 《자치통감》기사 앞에 붙은 숫자는 대만 세계서국의 《신교자치통감》을 따랐다.

2. 원문에서 《자치통감》은 본문에, 《자치통감강목》과 《통감절요》는 각주에 달아 표시하였다.

3. 《자치통감강목》은 【강목】으로 표시하고 다시 (강)과 (목)으로 구분하였다. 《통감절요》는 【절요】라고 표시하였다.

영토전쟁에 여념 없는 전국칠웅

원문번역

현왕(顯王) 원년(癸丑, 기원전 368년)

1 제(齊)가 위(魏)를 쳐서 관진(觀津, 산동성 觀城縣)을 빼앗았다.

2 조(趙)가 제를 침략하여 장성(長城, 산동성 長淸縣 변경지대)을 빼앗았다.

현왕 3년(乙卯, 기원전 366년)

1 위와 한(韓)이 택양(宅陽, 하남성 滎陽縣의 부근)에서 회합하였다.

2 진(秦)이 위의 군사와 한의 군사를 낙양(洛陽)에서 패배시켰다.

현왕 4년(丙辰, 기원전 365년)

1 위가 송(宋, 도읍은 하남성 商丘市)을 쳤다.

원문

顯王元年

1 齊伐魏 取觀津

2 趙侵齊 取長城

三年

1 魏·韓會于宅陽

2 秦敗魏師·韓師于洛陽

四年

1 魏伐宋

【강목|절요】*

평설

　주 현왕이 등장하고 원년부터 4년까지 4년 동안은 특별한 사건은 없었다. 전과 마찬가지로 전국칠웅 가운데 제·조·위·한이 서로 싸우거나 혹은 국제회의를 가지면서 생존 방법을 모색하였다. 물론 진(秦)의 군사들이 이웃인 위와 한을 더욱 거세게 공격하고 있었다.

　평범한 내용 같아서 《통감절요》에서는 이 부분을 생략한 듯하지만 역사적인 큰 변화는 이러한 작은 움직임에서부터 싹트고 있음을 알아야 한다. 그래서 이를 생략하는 것은 역사의 연속적 이해를 돕지 못하게 하는 것이다.

---

* 【강목】(강) 顯王元年 齊伐魏 趙侵齊 三年 秦敗魏師·韓師于洛陽 四年 魏伐宋
　【절요】내용없음

국제사회에서 외톨이가 된 진

원문번역

현왕 5년(丁巳, 기원전 364년)

1 진의 헌공(獻公, 24대 제후)이 삼진(三晉; 한위조)의 군대를 석문(石門, 섬서성 三原縣)에서 패배시키었는데 참수한 것이 6만 명이었다. 왕[현왕]이 보불(黼黻)의 복장을 하사하였다.

현왕 7년(己未, 기원전 362년)

1 위(魏)가 한의 군사와 조의 군사를 회수(澮水, 산서성 翼城縣 경계를 흘러감)에서 패배시켰다.

2 진(秦)과 위(魏)가 소량(小梁, 섬서성 韓城縣)에서 싸웠는데, 위의 군사가 패배한 것이 누적되었고 위의 공손좌(公孫座)가 붙잡혔다.

3 위(衛)의 성공(聲公, 衛訓, 42대)이 죽고, 아들인 성후(成侯, 43대) 위속(衛速)이 섰다.

4 연(燕)의 환공(桓公, 36대)이 죽고, 그의 아들 문공(文公)이 섰다.

5 진(秦)의 헌공(獻公; 嬴師隰, 24대)이 죽고 아들 효공(孝公; 嬴渠梁)이 섰다. 효공이 탄생하고 21년이 되었다. 이때 하[黃河]와 산[崤山]

의 동쪽에는 강력한 나라가 여섯이고 회(淮, 淮水)와 사(泗, 泗水)의 사이에는 작은 나라가 10여 개였으며, 초(楚)와 위(魏)는 진(秦)과 경계를 맞대고 있었다.

위(魏)는 장성(長城)을 쌓았는데, 정(鄭縣, 섬서성 華縣)에서 이어져서 낙수(洛水)의 북쪽으로 가서 상군(上郡, 섬서성 綏德縣)에 이르렀고, 초(楚)는 한중(漢中, 섬서성 南鄭縣)에서부터 시작하여 남쪽으로 파(巴城, 사천성 重慶市)와 검중(黔中, 호남성 沅陵縣)을 소유하였는데, 모두 진(秦)을 이적으로 대우하면서 이를 배척하니, 중국(中國)과 회맹(會盟)할 수가 없었다. 이에 효공이 분한 마음을 드러내고 덕을 베풀며 정치를 닦으며 진을 강하게 하고자 하였다.

원문

五年

1 秦獻公敗三晉之師于石門 斬首六萬 王賜以黼黻之服

七年

1 魏敗韓師·趙師于澮

2 秦·魏戰于少梁 魏師敗績 獲魏公孫痤

3 衞聲公薨 子成侯速立

4 燕桓公薨 子文公立

5 秦獻公薨 子孝公立 孝公生二十一年矣 是時河·山以東强國六 淮泗之間小國十餘 楚·魏與秦接界 魏築長城 自鄭濱洛以北有上郡 楚自漢中 南有巴·黔中 皆以夷翟遇秦 擯斥之 不得與中國之會盟 於是孝

公發憤 布德修政 欲以强秦

【강목|절요】 *

평설

앞에서도 말한 바대로 진(秦)은 중원의 서부지역에 위치하였고, 또 주(周)의 제후국이기는 하지만 주나라 성(姓)인 희(姬)가 아니라 영(嬴)씨이다. 그 역사와 전통에서 중원지역에 있는 나라와는 이질적이었다.

지역적으로는 효산(崤山)과 황하를 중심으로 그 동부지역에 있는 나라들이 진과는 국제적인 회합을 같이 하지 않았다. 말하자면 이 시기의 진은 산동지역에 있는 나라로부터 설움을 받았다. 그리하여 주변국들은 진과는 어떠한 국제적인 회의나 협약 같은 회맹(會盟)에 같이 하려고 하지 않았다.

이러한 상황을 물려받은 진(秦) 효공(孝公)은 발분(發憤)하였다. 감정적으로는 화가 났고, 이성적으로는 산동지역에 있는 나라를 능가하지 않으면 안 된다는 사실을 알게 된 것이다. 그리하

진(秦)과 각국의 형세도 (기원전 375년)

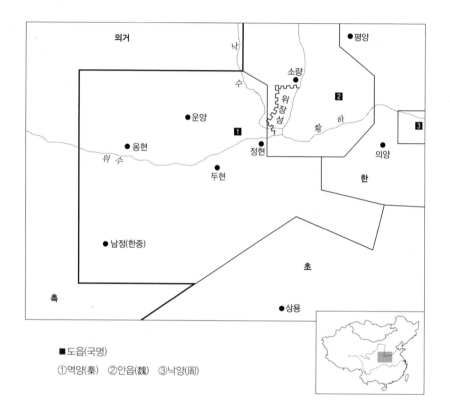

■도읍(국명)

①역양(秦) ②안읍(魏) ③낙양(周)

여 백성들에게 덕을 베풀며 정치를 새롭게 고쳐하기 시작했다.

이때부터 진은 강한 나라의 면모를 보이기 시작하였다. 국제적으로 외톨이가 된 상황에서 21살 먹은 진 효공은 주변국들이 제대로 대우해 주지 않는 경험을 통해 실력·국력만이 스스로의 지위를 올릴 수 있다는 사실을 깨달은 것이다.

이를 전화위복이라고 해야 할 것인지, 아니면 산동에 있는 여러 나라들이 자충수를 두었다고 할 것인지 보기에 따라서 여러 가지로 해석할 수 있을 것이다.

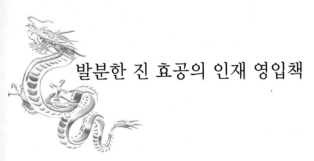

발분한 진 효공의 인재 영입책

원문번역

현왕 8년(庚申, 기원전 361년)

1 진의 효공이 그 나라에 명령을 내려서 말하였다.

"옛날 우리의 목공(穆公; 嬴任好, 9대)은 기(岐山, 섬서성 기산현 근처)와 옹(雍水, 섬서성 鳳翔縣 근처) 사이에서 덕을 닦고 무력을 행사하여 동쪽으로는 진(晉)의 내란을 평정하여 하[黃河]를 경계로 삼았고, 서쪽으로는 융적(戎翟; 戎狄)에 대하여 패권을 잡아 땅을 천리나 더 넓히니 천자가 백(伯)의 벼슬을 내리고 제후들이 모두 경하를 마쳤으며 후세를 위하여 기업(基業)을 연 것이 대단히 빛나고 아름답다.

마침 과거에 여공(厲公; 嬴刺, 17대)·조공(躁公, 18대)·간공(簡公; 嬴悼子, 21대)과 출자(出子, 23대)가 편안하지 못하여 국가는 안으로 근심하여 밖의 일을 아직 돌볼 겨를이 없었다.

삼진(三晉; 한위조)이 우리의 먼저 돌아가신 주군의 하서(河西)를 공격하여 탈취하니 기분 나쁨이 막대하다. 헌공이 즉위하여

변경을 눌러 어루만지고 치소(治所)를 역양(櫟陽, 섬서성 臨潼縣)으로 옮기고 또 동방으로 나가서 목공(穆公)의 옛 터전을 회복하고 목공 시절의 정치명령을 닦고자 하였다.

과인(寡人)은 먼저 가신 주군들의 뜻을 생각하면 항상 마음이 아프다. 빈객과 여러 신하들 가운데 기이한 계책을 내서 우리 진을 강하게 할 수 있는 사람이 있다면 내가 또한 관직을 높여줄 것이며, 땅을 나누어 그에게 줄 것이다."

이에 위(衛)의 공손앙(公孫鞅)이 이 명령이 내린 소식을 듣고 마침내 서쪽으로 가서 진(秦)으로 들어갔다.

원문

八年

1 孝公下令國中曰 昔我穆公 自岐·雍之間修德行武 東平晉亂 以河爲界 西霸戎翟 廣地千里 天子致伯 諸侯畢賀 爲後世開業甚光美 會往者厲·躁·簡公·出子之不寧 國家內憂 未遑外事 三晉攻奪我先君河西地 醜莫大焉 獻公即位 鎭撫邊境 徙治櫟陽 且欲東伐 復穆公之故地 修穆公之政令 寡人思念先君之意 常痛於心 賓客羣臣有能出奇計强秦者 吾且尊官 與之分土 於是 衛公孫鞅聞是令下 乃西入秦

【강목|절요】*

---

* 【강목】(강) 八年 彗星見西方 衛公孫鞅入秦 (목) 秦孝公下令國中曰 昔我穆公 自岐·雍之間修德行武 東平晉亂 以河爲界 西霸戎翟 廣地千里 天子致伯 諸侯畢賀 爲後世開業甚光美 會往者厲·躁·簡公·出子之不寧 國家內憂 未遑外事 三晉攻奪

평설

진 효공은 진을 강하게 하기 위한 특단의 조치로 인재를 영입하는 것부터 시작한다. 기이한 계책을 내는 사람이 있다면 그에 해당하는 파격적인 대우해 준다는 유인제를 내걸었다. 그 결과 이를 본 공손앙이 진으로 들어갔다.

***

원문번역

공손앙이라는 사람은 위(衛)의 서손(庶孫)인데 형명학(刑名學)을 좋아하였다. 위(魏)의 재상 공숙좌(公叔座)를 섬겼는데 공숙좌는 그가 현명하다는 것을 알았지만 아직은 올려주는데 이르지 아니하였다. 마침 병이 들자 위(魏) 혜왕(惠王)이 가서 그에게 물었다.

"공숙(公叔)이 병이 들었으니, 만약에 꺼리지 않고 말한다면 장차 사직을 어떻게 해야 하오?"

공숙[公叔座]이 말하였다.

"저 공숙좌의 중서자(中庶子)인 위앙(衛鞅)은 나이가 비록 어리지만 기이한 재주를 가졌으니 바라건대 주군께서는 온 나라의

我先君河西地 醜莫大焉 獻公即位 鎭撫邊境 徙治櫟陽 且欲東伐 復穆公之故地 修穆公之政令 寡人思念先君之意 常痛於心 賓客羣臣有能出奇計强秦者 吾且尊官 與之分土 於是 衛公孫鞅聞是令下 乃西入秦 【절요】 八年 孝公令國中曰 賓客羣臣有能出奇計强秦者 吾且尊官 與之分土 於是 衛公孫鞅聞是令下 乃西入秦

일을 들어서 그에게 들으십시오."

왕[惠王]은 잠자코 있었다.

공숙이 말하였다.

"주군께서 위앙을 채용하라는 것을 듣지 않으시려면 바로 반드시 그를 죽여서 경내를 나가지 못하게 하십시오."

왕이 허락하고 갔다.

공숙은 위앙을 불러서 사과하며 말하였다.

"나는 주군을 먼저 생각하고 신하를 뒤에 생각하니 그러므로 먼저 주군을 위하여 모의하고 뒤에 그대에게 알린다. 그대는 반드시 속히 떠나라!"

위앙이 말하였다.

"주군이 그대의 말을 채용하여 신(臣)에게 맡길 수 없는데, 또한 어찌 그대의 말을 채택하여 나를 죽일 수 있겠습니까?"

끝내 떠나지 않았다.

왕이 나오면서 좌우 사람들에게 말하였다.

"공숙의 병이 심하여 슬픈데 과인에게 나라의 문제를 위앙에게 듣도록 하라는 구나! 이미 그리하고서 또 과인에게 그를 죽이라고 하니 어찌 도리에 어긋나지 아니한가!"

위앙이 진(秦)에 도착하고서, 폐신(嬖臣)인 경감(景監)을 통하여 효공을 알현하기를 청하였고 부국강병(富國强兵)의 방책을 유세하니, 공[孝公]이 크게 기뻐하여 더불어 국가의 일을 의논하였다.

원문

公孫鞅者 衛之庶孫也 好刑名之學 事魏相公叔痤 痤知其賢 未及進 會病 魏惠王往問之曰 公叔病如有不可諱 將奈社稷何? 公叔曰 痤之中庶子衛鞅 年雖少 有奇才 願君擧國而聽之! 王嘿然 公叔曰 君即不聽用鞅 必殺之 無令出境! 王許諾而去 公叔召鞅謝曰 吾先君而後臣 故先爲君謀 後以告子 子必速行矣! 鞅曰 君不能用子之言任臣 又安能用子之言殺臣乎! 卒不去 王出謂左右曰 公叔病甚悲乎! 欲令寡人以國聽衛鞅也! 旣又勸寡人殺之 豈不悖哉! 衛鞅旣至秦 因嬖臣景監以求見孝公 說以富國强兵之術 公大悅 與議國事

【강목|절요】*

평설

진 효공이 강한 진나라를 만들려고 인재를 모집하자 위앙이라는 사람이 진나라로 들어갔다. 위앙은 아주 작은 제후국인 위(衛)나라 출신으로 형명학을 공부하였으니, 즉 법가였다. 그 당시에는 위(魏)나라에 들어가서 재상인 공숙좌를 섬기고 있었다.

---

* 【강목】(목) 鞅 衛之庶孫也 好刑名之學 事魏相公叔痤 痤知其賢 未及進 會病 魏惠王往問之曰 公叔病如有不可諱 將奈社稷何? 公叔曰 痤之中庶子衛鞅 年雖少 有奇才 願君擧國而聽之! 王嘿然 公叔曰 君即不聽用鞅 必殺之 無令出境! 王許諾而去 公叔召鞅謝曰 吾先君而後臣 故先爲君謀 後以告子 子必速行矣! 鞅曰 君不能用子之言任臣 又安能用子之言殺臣乎! 卒不去 王出謂左右曰 公叔病甚悲乎! 欲令寡人以國聽衛鞅也! 旣又勸寡人殺之 豈不悖哉! 鞅旣至秦 因嬖臣景監以求見孝公 說以富國强兵之術 孝公大悅 與議國事 【절요】因嬖臣景監以求見孝公 說以富國强兵之術 公大悅 與議國事

그런데 공숙좌는 위앙이 똑똑하다는 것을 알고는, 위앙을 위나라에서 채용하면 위나라를 부강하게 할 것이지만, 반대로 다른 나라에서 그의 능력을 발휘하게 되면 위나라에 위협적인 존재가 될 수 있다고 판단하였다.

그리하여 위 혜왕에게 위앙을 천거하면서 채용하지 않으려거든 죽이라고 하였다. 하지만 위 혜왕은 이를 이해하지 못하였고, 자신이 죽을 수도 있을 거라는 사실을 알게 된 위앙은 마침 진 효공이 인재를 모은다는 소식을 접하고 진나라로 들어 간 것이다.

예나 지금이나 나라를 부강하게 할 수 있는지 아닌지는 사람에 달려 있다. 어떠한 방법으로 똑똑한 사람을 불러 모으는가를 보면 그 나라의 장래를 알 수 있다. 반대로 인재를 소홀히 하는 집단은 그 운명이 비극적으로 끝날 것도 짐작할 수 있다.

법가 위앙의 정치

원문번역

현왕 10년(王戌, 기원전 359년)

1 위앙이 법률을 바꾸려고 하였으나 진인(秦人)들이 기뻐하지 않았다. 위앙이 진 효공에게 말하였다.

"무릇 백성이란 시작하면서 더불어 생각할 수는 없고 이룩한 것을 더불어 즐길 수는 있습니다. 지극히 덕이 많은 사람이란 세속적인 것과 화합하지 않는 사람이고, 큰 공을 세우는 사람이란 무리들과 모의하지 않습니다. 이리하여서 성인은 진실로 나라를 강하게 할 수 있지만 그 옛 것을 본받지 않는 것입니다."

감룡(甘龍)이 말하였다.

"그렇지 아니하니, 법에 따라서 다스리는 것을 관리들은 익히 알고, 백성도 이를 편안하다 합니다."

위앙이 말하였다.

"보통사람은 옛 풍속을 편안하게 생각하고, 학자들은 들은 것에 빠져들고 있으니, 이 둘을 가지고 관직에 있게 하고 법을 지키도록 하는 것은 괜찮을 것이지만 더불어 법 밖의 일들을 의논하지는 못합니다. 지혜로운 사람은 법을 만들고, 어리석은 사람은 이를 가지고 통제하며, 현명한 사람은 예(禮)를 바꾸지만 불초한 사람은 얽매이게 됩니다."

공[孝公]이 말하였다.

"훌륭하다."

위앙을 좌서장(左書長)으로 삼았다.

원문

十年

1 衛鞅欲變法 秦人不悅 衛鞅言於秦孝公曰 夫民不可與慮始 而可與樂成 論至德者不和於俗 成大功者不謀於衆 是以聖人苟可以强國 不法其故 甘龍曰 不然 緣法而治者 吏習而民安之 衛鞅曰 常人安於故俗 學者溺於所聞 以此兩者 居官守法可也 非所與論於法之外也 智者作法 愚者制焉 賢者更禮 不肖者拘焉 公曰 善 以衛鞅爲左庶長

【강목|절요】*

평설

　진나라에서 위앙과 감룡 사이에 새로운 법률을 시행할 것인지, 아니면 원래의 습관대로 백성을 통치할 것인가를 두고 토론이 벌어졌다. 이 토론을 보고 있던 진 효공은 위앙의 손을 들어주었다.

***

원문번역

　갑자기 변법(變法)의 명령을 확정하였다. 백성들을 십오(什伍)로 편성하여 서로 고발하고 연좌하도록 하면서, 또 간사한 자를 고발하는 자에게는 적의 머리를 벤 것과 같은 상을 주게 하고, 간사한 자를 고발하지 않은 사람에게는 적에게 항복한 사람과 같은 벌을 내리도록 하였다.

　군공(軍功)을 세운 사람은 일률적으로 높은 작위(爵位)를 받도록 하였지만 사사롭게 싸운 사람은 각기 그 경중에 따라서 크고 작은 형을 받게 하였다. 본업(本業)에 죽을힘을 다하게 하고, 밭 갈고 옷감을 짜서 곡식과 비단을 많이 쌓아놓은 자에게는 그 몸을 면제하여 주었고, 말업(末業)의 이익에 종사하는 사람

成 論至德者不和於俗 成大功者不謀於衆 是以聖人苟可以強國 不法其故 甘龍曰
不然 緣法而治者 吏習而民安之 衛鞅曰 常人安於故俗 學者溺於所聞 以此兩者 居
官守法可也 非所與論於法之外也 智者作法 愚者制焉 賢者更禮 不肖者拘焉 公曰
善 以衛鞅爲左庶長

과 게을러 가난한 사람은 들어내어 잡아들여 노비로 삼게 하였다.

종실에 속한 사람이라도 군공을 가지고 말하는 경우가 아니면 속적(屬籍)을 얻지 못하게 하였다. 높고 낮은 작위의 등급을 밝혀 각기 차례로 차등이 있게 하니, 전택(田宅)·신첩(臣妾)·의복을 등록하게 하였다. 공로를 세운 사람은 영화로움을 밖으로 드러나게 하고, 공로가 없는 사람은 비록 부유하더라도 빛날 수가 없었다.

원문

卒定變法之令 令民爲什伍而相收司·連坐 告姦者與斬敵首同賞 不告姦者與降敵同罰 有軍功者 各以率受上爵 爲私鬪者各以輕重被刑大小 僇力本業 耕織致粟帛多者 復其身 事末利及怠而貧者 擧以爲收孥 宗室非有軍功論 不得爲屬籍 明尊卑爵秩等級 各以差次 名田宅·臣妾·衣服 有功者顯榮 無功者 雖富無所芬華

【강목|절요】*

---

* 【강목】 (목) 卒定變法之令 令民爲什伍而相收司·連坐 不告姦者要斬 告姦者與斬敵首同賞 匿姦者與降敵同罰 民有二男以上 不分異者 倍其賦 有軍功者 各以率受爵 爲私鬪者各以輕重被刑大小 僇力本業 耕織致粟帛多者 復其身 事末利及怠而貧者 擧以爲收孥 宗室非有軍功論 不得爲屬籍 明尊卑爵秩等級 各以差次 名田宅·臣妾·衣服 有功者顯榮 無功者 雖富無所芬華 【절요】 卒定變法之令 令民爲什伍而相收司·連坐 告姦者與斬敵首同賞 不告姦者與降敵同罰 有軍功者 各以率受上爵 爲私鬪者各以輕重被刑大小 僇力本業 耕織致粟帛多者 復其身 事末利及怠而貧者 擧以爲收孥 有功者顯榮 無功者 雖富無所芬華

평설

위앙에 의해 만들어진 새로운 법이 공포되었다. 이 법은 전통적인 것을 무시하고 공리주의적인 입장에서 공로를 세운 사람을 대우하는 내용으로 짜여 있었다.

***

원문번역

법령이 이미 구체화되었으나 공포하지 아니하였는데, 백성들이 믿지 않을까 걱정을 하게 되어 마침내 세 길[丈] 되는 나무를 국도(國都)에 있는 저자의 남쪽 문에 세워놓고, 북쪽에 있는 문으로 옮길 사람을 모집하며 10금(金)을 주겠다고 하였다. 백성들이 이를 이상하게 생각하고 감히 옮기는 사람이 없었다. 다시 말하였다.

"옮길 수 있는 사람은 50금을 준다!"

어떤 한 사람이 이를 옮기니 갑자기 50금을 주었다. 마침내 명령을 내렸다.

법령이 시행되고 1년이 되니, 진의 백성들 가운데 국도(國都; 櫟陽, 섬서성 臨潼縣)에 갔다가 새로운 법령이 편하지 않다는 말을 하는 사람이 1천여 명으로 헤아려졌다. 이에 태자가 법을 어겼다. 위앙이 말하였다.

"법령이 시행되지 않으니, 위에서부터 이를 위반하였습니다. 태자는 주군의 후계자이니 형벌을 내릴 수는 없습니다."

그의 부(傅)인 공자건(公子虔)에게 의형(劓刑)을 내리고 그의 사(師)인 공손가(公孫賈)에게 경형(黥刑)을 내렸다.

다음 날로 진인(秦人)들은 모두 법령을 좇았다. 이를 시행하여 10년이 되니, 진국(秦國)의 도로에서는 떨어진 물건을 줍는 이가 없었고, 산에는 도적이 없었으며, 백성들은 전장에서 용감하였지만 사사롭게 싸우는 일에 있어서는 겁을 먹게 되어 향읍(鄉邑)이 크게 잘 다스려졌다. 진(秦)의 백성들은 처음에 법령이 불편하다고 말했지만 얼마 후에는 법령이 편하다고 말하였다. 위앙이 말하였다.

"이는 모두 법령을 어지럽히는 백성이다."

이들을 다 변방 지역으로 옮겼다. 그 후에 백성들은 감히 법령에 관하여 논의하는 사람이 없었다.

원문

令既具未布 恐民之不信 乃立三丈之木於國都市南門 募民有能徙置北門者予十金 民怪之 莫敢徙 復曰 能徙者 予五十金! 有一人徙之 輒予五十金 乃下令

令行朞年 秦民之國都 言新令之不便者以千數 於是太子犯法 衛鞅曰 法之不行 自上犯之 太子 君嗣也 不可施刑 刑其傅公子虔 黥其師公孫賈 明日 秦人皆趨令 行之十年 秦國道不拾遺 山無盜賊 民勇於公戰 怯於私鬥 鄉邑大治 秦民初言令不便者 有來言令便 衛鞅曰 此皆亂法之民也! 盡遷之於邊 其後民莫敢議令

평설

　진에서 일단 법령을 반포하기 전에 백성들로 하여금 정부에 믿음을 심어주기 위해 장대를 옮기는 일을 벌였다. 이어서 이 법령은 신분의 고하를 막론하고 적용된다는 것을 알리기 위하여 태자가 범법 한 것도 예외 없이 형벌을 주었다.

　이를 통하여 진나라는 크게 달라졌는데, 특히 법령이 좋다 나쁘다는 평가를 할 수 없게 하여 정부의 조치에 대해서는 무조건 복종하도록 하였다.

　이는 진이 법령을 가지고 국가의 힘을 한 곳으로 모으려고 한 것이다. 이러한 강제적인 법의 집행은 한동안은 큰 힘을 발휘할 수 있어서 진이 천하를 통일하는데 일조하였다. 그러나 시

---

*【강목】(목) 令旣具未布 恐民之不信 乃立三丈之木於國都市南門 募民能徙置北門者予十金 民怪之 莫敢徙 復曰 能徙者 予五十金! 有一人徙之 輒予五十金 乃下令 令行朞年 民之國都 言新令之不便者以千數 於是太子犯法 衛鞅曰 法之不行 自上犯之 太子 君嗣 不可施刑 刑其傅公子虔 黥其師公孫賈 明日 秦人皆趨令 行之十年 道不拾遺 山無盜賊 民勇於公戰 怯於私鬪 鄉邑大治 秦民初言令不便者 有來言令便 衛鞅曰 此皆亂法之民也! 盡遷之於邊 其後民莫敢議令【절요】令旣具未布 恐民之不信 乃立三丈之木於國都市南門 募民有能徙置北門者予十金 民怪之 莫敢徙 復曰 能徙者 予五十金! 有一人徙之 輒予五十金 乃下令 令行朞年 秦民之國都 言新令之不便者以千數 於是太子犯法 衛鞅曰 法之不行 自上犯之 太子 君嗣也 不可施刑 刑其傅公子虔 黥其師公孫賈 明日 秦人皆趨令 行之十年 秦國道不拾遺 山無盜賊 民勇於公戰 怯於私鬪 鄉邑大治 秦民初言令不便者 有來言令便者 衛鞅曰 此皆亂法之民也! 盡遷之於邊 其後民莫敢議令

간이 흘러 통제할 힘이 빠지면 여지없이 무너지는 것이 강제적인 법 집행의 단점이다. 진나라가 통일 후 15년 만에 멸망하는데서 그 한계를 찾을 수 있다.

정부가 지켜야 될 첫 번째 덕목은 믿음

원문번역

신 사마광이 말씀드립니다.

무릇 믿음이라고 하는 것은 임금이 갖추어야 할 커다란 보배입니다. 나라는 백성에게서 보위되며 백성은 믿음에서 보위되니, 믿음이 아니면 백성들을 부릴 수 없고, 백성이 아니면 나라를 지킬 수 없습니다.

이러한 연고로 옛날의 제왕이란 사람은 사해(四海)를 속이지 않았고, 패권(覇權)을 가진 사람도 사린(四隣)을 속이지 않았으니, 나라를 잘 다스리는 사람은 그 백성을 속이지 않았고, 집안을 잘 다스리는 사람은 그 친한 사람을 속이지 않았습니다. 잘하지 못하는 사람은 이에 반대되었으니 이웃 나라를 속이고, 그 백성들을 속였으며, 심한 사람은 그 형제를 속이고 그 부자를 속였습니다.

윗사람이 아랫사람을 믿지 못하고 아랫사람은 윗사람을 믿지 못하게 되면, 윗사람과 아랫사람이 서로 마음이 흩어져서 실패하기에 이릅니다. 이로웠던 바는 다친 것을 치료하는 약이 될 수 없고, 얻은 것은 없어진 것을 보충할 수 없으니, 어찌 슬프지 않겠습니까?

원문

臣光曰 夫信者 人君之大寶也 國保於民 民保於信 非信無以使民 非民無以守國 是故古之王者不欺四海 霸者不欺四鄰 善爲國者不欺其民 善爲家者不欺其親 不善者反之 欺其鄰國 欺其百姓 甚者欺其兄弟 欺其父子 上不信下 下不信上 上下離心 以至於敗 所利不能藥其所傷 所獲不能補其所亡 豈不哀哉!

【강목|절요】*

평설

사마광은 앞의 사실을 보고 '제왕될 사람이 반드시 지켜야 될 덕목은 믿음'이라고 평론했다. 하는 말을 믿지 못하게 되면 아무것도 할 수 없기 때문이라는 말이다.

---

* 【강목】(목) 司馬公曰 夫信者 人君之大寶也 國保於民 民保於信 故古之王者不欺四海 霸者不欺四鄰 善爲國者不欺其民 善爲家者不欺其親 不善者反之 是以上下離心 以至於敗 所利不能藥其所傷 所獲不能補其所亡 豈不哀哉!【절요】溫公曰 夫信者 人君之大寶也 國保於民 民保於信 非信無以使民 非民無以守國 是故古之王者不欺四海 霸者不欺四鄰 善爲國者不欺其民 善爲家者不欺其親 不善者反之 欺其鄰國 欺其百姓 甚者欺其兄弟 欺其父子 上不信下 下不信上 上下離心 以至於敗 所利不能藥其所傷 所獲不能補其所亡 豈不哀哉!

***

원문번역

옛날 제의 환공(桓公, 16대)은 조말(曹沫)과의 맹약을 배반하지 않
았고, 진의 문공(文公, 24대)은 원(原城, 하남성 濟源縣)을 차지하는
이익에 욕심 내지 않았으며, 위(魏)의 문후(文侯, 1대)는 우인(虞
人)과의 기약을 버리지 않았고, 진(秦)의 효공은 나무를 옮긴
사람에게 상(賞)을 주는 것을 없이하지 않았습니다.

이 네 군주 된 사람은 비록 도(道)에서는 아주 순수하지는 않
았고, 또 상군(商君; 위앙, 상앙)은 더욱 각박한 사람이라고 불리
기는 하지만 또한 싸우고 공격하는 시대에 살면서 천하가 속
이는 힘을 좇고 있는데도 오히려 또 감히 믿음을 잊지 않고
백성들을 길렀는데, 하물며 사해를 고르게 잘 다스리는 정치
를 하려는 사람에게 있어서야!

원문

昔齊桓公不背曹沫之盟 晉文公不貪伐原之利 魏文侯不棄虞人之期
秦孝公不廢徙木之賞 此四君者 道非粹白 而商君尤稱刻薄 又處戰
攻之世 天下趨於詐力 猶且不敢忘信以畜其民 況爲四海治平之政者
哉!

【강목|절요】*

평설

　사마광은 제왕이 갖추어야 될 덕목을 믿음이라고 하면서 제 환공, 진 문공, 위 문후, 진 효공과 상앙이 지킨 믿음이 그들을 성공적으로 만들게 했다는 예를 들었다. 그러기 때문에 시대가 아무리 혼란하고 속이는 것이 일상화되었다고 해도 신의를 잃지 않아야 한다는 것을 강조하였다.

　사마광은 진의 효공이 장대를 옮기는 사람에게 약속을 지키는 사건을 계기로 제왕에게 꼭 필요한 것은 백성들에게 믿음을 주는 정치라고 주장했는데, 이것이 북송의 황제와 정치가들에게 하고 싶은 말이었던 것이다.

---

* 【강목】 (목) 商君以刻薄之資 處攻戰之世 猶且不敢忘信 以畜其民 況爲四海治平之政者哉 【절요】 昔齊桓公不背曹沫之盟 晉文公不貪伐原之利 魏文侯不棄虞人之期 秦孝公不廢徙木之賞 此四君者 道非粹白 而商君尤稱刻薄 又處戰攻之世 天下趨於詐力 猶且不敢忘信以畜其民 況爲四海治平之政者哉!

빈번하게 열린 국제회의

원문번역

2 한(韓)의 의후(懿侯, 5대)가 죽고, 아들 소후(昭侯)가 섰다.

현왕 11년(癸亥, 기원전 358년)

1 진(秦)이 서산(西山)에서 한(韓)의 군사를 패배시켰다.

현왕 12년(甲子, 기원전 357년)

1 위(魏)와 한이 호(鄗城, 지금의 하북성 柏鄕縣)에서 회합하였다.

현왕 13년(乙丑, 기원전 356년)

1 조(趙)와 연(燕)이 아(阿城, 지금의 陽谷縣)에서 회합하였다.

2 조(趙)·제(齊)·송(宋)이 평육(平陸, 지금의 산동성 汶上縣)에서 회합하였
다.

원문

2 韓懿侯薨 子昭侯立

十一年

1 秦敗韓師于西山

十二年

1　魏韓會于鄗

十三年

1　燕·趙會于阿

2　趙·齊·宋會于平陸

【강목|절요】*

평설

　주 현왕 10년(기원전 359년)부터 4년간 별다른 큰 사건은 없었다. 여전히 진이 이웃나라인 한(韓)을 공격하였다. 영역을 넓히려는 욕구가 계속된 것이다. 이러한 상황에서 국제회의가 빈번하게 열렸다.

　먼저 위와 한이 회합을 가졌다. 중원지역에 있는 이 두 나라는 원래는 문화의 중심지였지만 철기문명이 시작되면서 서쪽의 진(秦)과 동쪽의 제(齊), 그리고 남쪽의 초(楚)라는 강한 나라에 둘러싸여서 도리어 사방으로부터 공격을 받을 수 있는 지역으로 변해 버렸다. 이처럼 한과 위는 지리적으로 오히려 불리하게 되었으니, 이러한 문제를 타개할 방안을 논의했을 것으로 보인다.

　한편 북쪽에 있는 조와 연도 회합을 하였으며 동북지역에서

도 조와 제, 그리고 송이 회합을 갖는다. 이 기간에는 겉으로는 비록 조용했지만 보이지 않는 곳에서는 숨 막히는 외교전이 벌어졌을 것으로 보인다.

《자치통감강목》과 《통감절요》에서는 이 부분을 모두 생략하거나 아주 간단히 기록하였다. 이 때문에 이것을 생략한 이 책들을 봐서는 겉으로는 조용하지만 속으로 대단히 분주했던 당시의 국제정세를 이해하기 어렵다. 잘못하면 역사의 연속성을 모르게 될 위험성을 안고 있는 편집이다.

나라의 보배

원문번역

현왕 14년(丙寅, 기원전 355년)

1 제(齊)의 위왕(威王: 전인제, 4대)·위(魏)의 혜왕(惠王: 위앵, 3대)이 교외에서 모여서 사냥을 하였다. 혜왕이 말하였다.

"제(齊)에도 역시 보배가 있겠지요?"

위왕이 말하였다.

"없습니다."

혜왕이 말하였다.

"과인의 나라는 비록 작은데도 오히려 직경이 1마디[寸] 되는 구슬이 있고, 수레의 앞뒤로 12량(輛)을 비추는 것이 10개 있습니다. 어찌 제(齊)는 큰 나라인데 보배가 없단 말입니까?"

위왕이 말하였다.

"과인이 보배라고 여기는 것은 왕[혜왕]과는 다릅니다. 나의 신하 가운데 단자(檀子)라는 사람이 있는데, 남성(南城)을 지키게하니 초(楚)나라 사람들이 감히 노략질을 못하고, 사수(泗水)에 있는 12명의 제후들이 모두 와서 조현하였습니다. 또 나의 신하 가운데 반자(盼子)라는 사람이 있는데, 고당(高唐, 산동성 禹城縣)을 지키게 하니, 조(趙)나라 사람들이 감히 동쪽으로 와서 황하에서 고기잡이를 못합니다.

나의 관리 가운데 검부(黔夫)라는 사람이 있는데, 서주(徐州, 산동성 滕縣)를 지키게 하였더니, 연(燕)나라 사람들이 북문에 와서 제사를 올리고, 조(趙)나라 사람들이 서문에 와서 제사를 올리면서 이사하며 좇는 사람이 7천여 가구가 되었습니다. 나의 신하 가운데 종수(種首)라는 사람이 있는데, 도적을 막게 했더니 길에서 떨어진 물건을 줍는 사람이 없어졌소. 이 네 신하는 장차 천리를 비출 것인데 어찌 단지 12량뿐이겠습니까?"

혜왕이 부끄러운 기색을 띠었다.

원문

十四年

1 齊威王·魏惠王會田于郊 惠王曰 齊亦有寶乎? 威王曰 無有 惠王曰 寡人國雖小 尙有徑寸之珠 照車前後各十二乘者十枚 豈以齊大國而無寶乎! 威王曰 寡人之所以爲寶者與王異 吾臣有檀子者 使守南城 則楚人不敢爲寇 泗上十二諸侯皆來朝 吾臣有盼子者 使守高唐 則趙人不敢東漁于河 吾吏有黔夫者 使守徐州 則燕人祭北門 趙人祭西門 徙而從者七千餘家 吾臣有種首者 使備盜賊 則道不拾遺 此四臣者 將照千里豈 特十二乘哉! 惠王有慚色

평설

이 사건은 동부지역의 강자인 제(齊)나라 위왕과 중원지역에 있는 위(魏)나라 혜왕이 만나서 나눈 이야기를 다루었다. 위 혜왕이 자기 나라에 아주 커다란 구슬이 10개 있다고 자랑하였다.

그러자 제 위왕은 그러한 보물은 없지만 뛰어난 신하 네 명이 있다며 그들의 이름을 거론하면서 이들이 유능하다는 말로 위 혜왕을 부끄럽게 하였다.

그때나 지금이나 사람의 됨됨이에 따라서 사물을 인식하는 내용이 다르다는 것을 알 수 있다. 그러한 점에서 위 혜왕의 사람됨은 수준이 낮다고 할 것이다.

《맹자》에도 위 혜왕의 이야기가 나온다. 《맹자》에는 '양 혜

---

* 【강목】(강) 十四年 齊·魏會田于郊 (목) 魏惠王問齊威王曰 齊亦有寶乎? 威王曰 無有 惠王曰 寡人國雖小 尙有徑寸之珠 照車前後各十二乘者十枚 豈以齊大國而無寶乎! 威王曰 寡人之所以爲寶者與王異 吾臣有檀子者 使守南城 則楚人不敢爲寇 有盼子者 使守高唐 則趙人不敢東漁于河 有黔夫者 使守徐州 則燕趙之人從而徙者 七千餘家 有種首者 使備盜賊 則道不拾遺 此四臣者 將照千里 豈特十二乘哉! 惠王有慙色 【절요】丙寅 十四年 齊威王·魏惠王會田于郊 惠王曰 齊亦有寶乎? 威王曰 無有 惠王曰 寡人國雖小 尙有徑寸之珠 照車前後各十二乘者十枚 豈以齊大國而無寶乎! 威王曰 寡人之所以爲寶者與王異 吾臣有檀子者 使守南城 則楚人不敢爲寇 泗上十二諸侯皆來朝 吾臣有盼子者 使守高唐 則趙人不敢東漁于河 吾吏有黔夫者 使守徐州 則燕人祭北門 趙人祭西門 徙而從者七千餘家 吾臣有種首者 使備盜賊 則道不拾遺 此四臣者 將照千里 豈特十二乘哉! 惠王有慙色

제(齊)의 강역도 (기원전 355년)

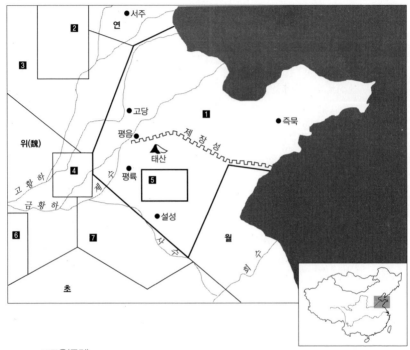

■도읍(국명)

①임치(齊)　②고성(中山)　③진양(趙)　④복양(衛)　⑤곡부(魯)

⑥신정(韓)　⑦수양(宋)

왕'이라고 하였지만 이는 위나라의 도읍이 대량(大梁)이었던 까닭에 그렇게 부른 것이다. 《맹자》에도 양 혜왕을 왕답지 못한 사람으로 평가하고 있는데, 이 내용과 일맥상통한다.

강온작전을 진행하는 진

원문번역

2 진(秦)의 효공(孝公; 嬴渠梁)·위(魏)의 혜왕이 두평(杜平, 섬서성 澄城縣)에서 회합하였다.

3 노(魯)의 공공(共公; 姬奮, 32대)이 죽고, 아들인 강공(康公) 희모(姬毛)가 섰다.

현왕 15년(丁卯, 기원전 354년)

1 진(秦)이 위(魏)의 군사를 원리(元里, 澄城縣의 경계 지역)에서 패배시키고 참수(斬首)한 것이 7천 급(級)이며, 소량(少梁, 섬서성 韓城縣)을 빼앗았다.

2 위(魏)의 혜왕이 조(趙)를 치는데 한단(邯鄲; 조의 도읍, 하북성 한단시)을 포위하였다. 초왕(楚王; 羋良夫, 宣王)이 경사(景舍)로 하여금 조를 구하게 하였다.

원문

2 秦孝公·魏惠王會于杜平

3 魯共公奮 子康公毛立

十五年

1 秦敗魏師于元里 斬首七千級 取少梁

2 魏惠王伐趙 圍邯鄲 楚王使景舍救趙

【강목|절요】*

평설

　진 효공은 위 혜왕과 국제회합을 갖는다. 이때에 논의된 것이 무엇인지는 기록되어 있지 않지만 회합에서 다루는 것은 보통 상호협력이므로 진과 위는 국제사회에서 서로 간의 협력을 약속했을 것이다.

　그러나 바로 그다음 해에 진나라는 위나라를 공격하여 대량의 인명 살상을 감행하고, 아울러 위의 도읍 근처에 있는 소량까지 빼앗아 버린다. 말하자면 진 효공은 강력해진 국력을 가지고 위나라와 협력하는 척하면서 공격하는 표리부동한 작전을 구사한 셈이다. 당시에 상대방을 잘 속이는 사람이 유능한 사람으로 인식하던 시기이므로 위 혜왕이 유능하지 못하다고 말할 수 있을 것이다.

　위는 진에게 공격을 받았지만 반대로 조를 공격하였다. 진에

---

* 【강목】(강) 十五年 秦敗魏師于元里 取少梁 魏惠王伐趙 圍邯鄲 【절요】 내용없음

게 잃은 것을 조에서 보상받으려는 것이었을 수도 있다. 그러나 초가 조를 구원하는 바람에 위는 소기의 목적을 달성하기 어려웠을 것이다.

아마도 《자치통감》이나 《맹자》에 실린 내용으로 보아 위 혜왕은 험한 시대를 이끌어갈 인물은 아니었던 것 같다. 험한 시대를 이끌어 갈 지도자의 능력과 판단력이 대단히 중요함을 일깨우는 사건이었다.

위나라 방연의 실패

원문번역

현왕 16년(戊辰, 기원전 353년)

1 제의 위왕이 전기(田忌)로 하여금 조(趙)를 구하게 하였다.

애초에, 손빈(孫臏)과 방연(龐涓)이 함께 병법을 배웠는데, 방연은 위를 섬겨서 장군이 되었지만 스스로 손빈을 따라갈 수 없다고 생각하다가 마침내 손빈을 불렀고, 도착하자 법을 가지고 그의 두 발을 자르고 경형(黥刑)을 내려 그를 종신토록 폐기되도록 하였다.

제의 사신이 위에 도착하였는데 손빈은 형도(刑徒)이어서 몰래 제의 사자(使者)를 만나서 그에게 유세하였고, 제의 사자는 그를 몰래 수레에 싣고 함께 제로 갔다. 전기(田忌)는 그를 잘 대우해 주고 손님으로 대접하고 위왕에게 천거하였다. 위왕이 병법에 관하여 물어보고는 드디어 그를 스승으로 삼았다.

이에 위왕이 조를 구해주려고 도모하며, 손빈을 장수로 삼으려 하였더니, 손빈이 형을 받은 사람이므로 할 수 없다고 사

계릉 전투도 (기원전 353년 10월)

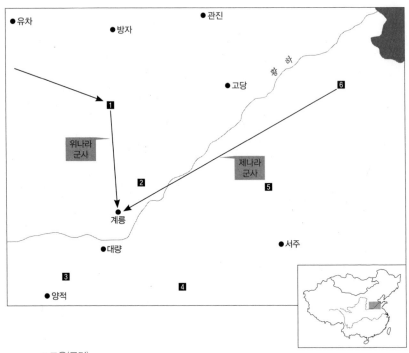

■도읍(국명)

①한단(趙)　②복양(衛)　③신정(韓)　④수양(宋)　⑤곡부(魯)　⑥임치(齊)

양하여, 마침내 전기를 장수로 삼고 손자(孫子)를 군사(軍師)로 삼으니 치거(輜車) 가운데에 있으면서 앉아서 계획하고 꾀를 냈다.

전기가 군사를 이끌고 조로 가려고 하였다. 손자가 말하였다. "대개 이리저리 섞여서 어지럽고 분규 하는 것을 풀어놓으려고 하는 사람은 그들을 주먹으로 하지 않고, 또 싸우는 사람을 구해주려는 사람은 치고받지 않고, 맞붙어서 있을 때 빈틈을 공격하면 형세가 바로잡혀 못하게 되니 스스로 풀어질 뿐입니다.

지금은 양(梁: 위의 도읍, 하남성 개봉시)과 조가 서로 공격하며 싸우니, 가볍게 몸을 놀리는 정예의 병졸은 반드시 다 밖에다 배치하였을 것이고, 늙고 약한 사람은 안에서 피로해 있을 것인데, 그대는 군사를 이끌고 위의 도읍으로 빨리 달려가서 그 가로를 점거하고 그 나라의 빈곳에 충격을 주면 저들은 반드시 조를 풀어주고 스스로를 구하려 할 것이니, 이는 우리가 한 번에 조의 포위를 풀어주고 위의 피폐함을 거둬들이는 것입니다."

전기가 이 말을 좇았다.

10월에, 한단(邯鄲; 조의 도읍, 하북성 한단시)이 위에 항복하였다. 위의 군대가 돌아오다가 제와 계릉(桂陵, 산동성 荷澤縣 동북으로 10Km)에서 싸웠는데 위의 군대가 대패하였다.

원문

十六年

1 齊威王使田忌救趙

初 孫臏與龐涓俱學兵法 龐涓仕魏爲將軍 自以能不及孫臏 乃召之
至則以法斷其兩足而黥之 欲使終身廢棄 齊使者至魏 孫臏以刑徒陰
見 說齊使者 齊使者竊載與之齊 田忌善而客待之 進於威王 威王問
兵法 遂以爲師 於是威王謀救趙 以孫臏爲將 辭以刑餘之人不可 乃
以田忌爲將 而孫子爲師 居輜車中 坐爲計謀

田忌欲引兵之趙 孫子曰 夫解雜亂紛糾者不控拳 救鬪者不搏撠 批
亢擣虛 形格勢禁 則自爲解耳 今梁·趙相攻 輕兵銳卒必竭於外 老弱
疲於內 子不若引兵疾走魏都 據其街路 衝其方虛 彼必釋趙以自救
是我一擧解趙之圍而收弊於魏也 田忌從之 十月 邯鄲降魏 魏師還
與齊戰于桂陵 魏師大敗

【강목|절요】*

---

* 【강목】(강) 十六年 齊伐魏以救趙 魏克邯鄲 還戰敗績 (목) 初 孫臏與龐涓俱學兵
法 龐涓仕魏爲將軍 自以能不及孫臏 乃召之 至則斷其足而黥之 欲使終身廢棄 齊
使者至魏 孫臏以刑徒陰見之 使者竊載以歸 田忌客之 進之威王 威王問兵法 遂以
爲師 於是謀救趙 以臏爲將 辭以刑餘之人不可 乃以田忌爲將 而孫子爲師 居輜車
中 坐爲計謀 田忌欲引兵之趙 孫子曰 夫解雜亂紛糾者不控拳 救鬪者不搏撠 批亢
擣虛 形格勢禁 則自爲解耳 今梁·趙相攻 輕兵銳卒必竭於外 老弱疲於內 若引兵疾
走其都 據其街路 彼必釋趙以自救 是我一擧解趙之圍而收弊於魏也 田忌從之 十月
邯鄲降魏 魏師還 與齊戰于桂陵 魏師大敗 【절요】 내용없음

평설

　앞에서 위나라가 조를 공격했을 때에 초가 조를 원조했다는 기록이 있는데, 제나라 또한 조를 돕고 있다. 여기에 유명한 방연과 손빈의 이야기가 시작된다. 위나라에는 당대에 이름난 병법가인 방연이 있었다. 그런데 방연은 동문수학한 손빈이 활동하지 못하게 하려고 그를 초청해서 사지를 절단하고 경형을 시행하는 못쓸 짓을 했다. 그러한 병법가 방연이 조를 공격하자 조는 감당하기 어려웠을 것이다.

　제나라는 위기에 몰린 조나라를 구원하기로 하고 방연의 적수인 손빈을 군사(軍師)로 삼았다. 그리고 조와 위가 싸우는 전장(戰場)으로 가지 않고 오히려 위나라의 배후를 공격하여 위나라가 조에 대한 공격을 멈출 수밖에 없도록 하여 조에서 돌아오게 하였다. 위나라는 조나라와 싸워서 승리하였지만 전리품을 챙길 사이도 없이 돌아와야 했다.

　결국 위나라는 계릉에서 제나라 군사와 싸우다가 대패하기에 이른다. 이것이 병법가 적수인 방연과 손빈의 제1차 조우였고, 야비하게 친구에게 몹쓸 짓을 한 방연의 실패였다.

재상이 호가호위합니다!

원문번역

2 한이 동주(東周)를 쳐서 능관(陵觀)과 늠구(廩丘)를 빼앗았다.

3 초는 소해휼(昭奚恤)을 재상으로 삼았다. 강을(江乙)이 초왕[楚宣
王]에게 말하였다.

"어떤 사람이 그의 개를 아꼈는데, 개가 일찍이 우물에 오줌
을 누자, 이웃 사람들이 보고 들어가서 이를 말하려고 하자,
그 개가 문 앞에서 그를 물었습니다. 지금 소해휼이 항상 신
을 나쁘게 보는 것이 또한 이와 같습니다.

또한 어떤 사람이 있는데, 다른 사람의 선량함을 칭찬하기를
좋아하면 왕께서는 '이 사람은 군자다.'라고 말하면서 이를 가
까이 합니다. 또 다른 사람의 악한 것을 드러내기 좋아하는
사람이라면 왕께서는 '이 사람은 소인이다.'라고 말하면서 그
를 멀리합니다.

그러하니 또한 아들이 그 아버지를 죽이고, 신하가 그 임금을
죽이는 일이 있어도 왕께서는 죽을 때까지 모릅니다. 왜 입니

까? 왕께서는 다른 사람의 아름다운 것을 듣기 좋아하고, 다른 사람의 나쁜 것을 듣기 싫어하시기 때문입니다."

왕이 말하였다.

"훌륭하오. 과인이 바라건대, 양쪽으로 이야기를 들어보도록 하겠소."

원문

2 韓伐東周 取陵觀·廩丘

3 楚昭奚恤爲相 江乙言於楚王曰 人有愛其狗者 狗嘗溺井 其鄰人見 欲入言之 狗當門而噬之 今昭奚恤常惡臣之見 亦猶是也 且人有好 揚人之善者 王曰 此君子也 近之 好揚人之惡者 王曰 此小人也 遠 之 然則且有子弒其父臣弒其主者 而王終已不知也 何者? 以王好聞 人之美而惡聞人之惡也 王曰 善 寡人願兩聞之

【강목|절요】*

평설

초나라의 재상 소해휼은 호북성 강릉 출신인데, 이 사람의 행적은 《전국책(戰國策)》에 많이 실려 있다. 그는 위(魏)에서 내려온 강을과는 사이가 좋지 않아서 강을로부터 호가호위(狐假虎威)한다는 비난을 받았다.

---

* 【강목】 (강) 韓伐東周 取陵觀·廩丘 【절요】 내용없음

한(韓)의 동주 공격도 (기원전 353년)

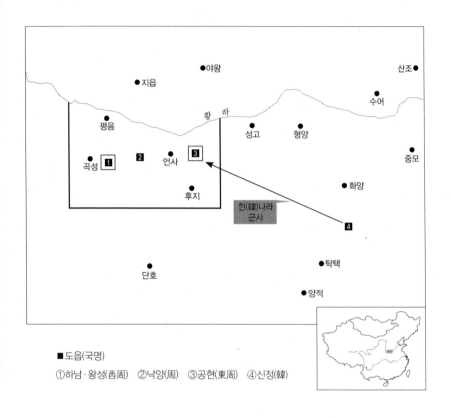

■ 도읍(국명)
①하남·왕성(西周) ②낙양(周) ③공현(東周) ④신정(韓)

소해휼은 위나라로부터 조나라가 공격을 받았을 때에 원조하지 말자고 하였지만 경사(景舍)는 조나라를 구원하는 것이 초에 유리하다고 논쟁을 벌이기도 하였다.

이 사건에서 강을이 집을 지키는 개가 주인 노릇을 한다고 하면서 소해휼을 비난하며 초 선왕에게 밖에 있는 사람의 이야기도 들으라고 충고하였고, 초 선왕도 그리하겠다고 대답하였다.

사실 제왕은 재상을 임명하고 그로 하여금 국사를 처리하게 하면서 다른 한편으로는 그 재상이 전횡하는지도 봐야 하는 어려운 자리에 있다. 일을 전적으로 맡기지 않으면 일을 할 수 없고, 그렇다고 일을 전적으로 맡기면 호가호위할 수도 있기 때문이다.

소해휼과 초 선왕의 관계가 바로 이러한 것이 아닐까? 그래서 일을 맡기고 일을 하기가 정말 어려운 것이다.

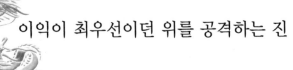

이익이 최우선이던 위를 공격하는 진

원문번역

현왕 17년(己巳, 기원전 352년)

1 진(秦)의 대량조(大良造)가 위를 쳤다.

2 제후들이 위의 양능(襄陵, 산서성 臨汾縣의 동남쪽)을 포위하였다.

현왕 18년(庚午, 기원전 351년)

1 진의 위앙이 위의 고양(固陽, 內蒙古 包頭市 부근)을 포위하고, 이를
항복시켰다.

2 위인(魏人)이 한단(邯鄲)을 조로 돌려보냈다. 조와 장수(漳水)에서
맹약하였다.

원문

十七年

1 秦大良造伐魏

2 諸侯圍魏襄陵

十八年

1 秦衞鞅圍魏固陽 降之

2 魏人歸趙邯鄲 與趙盟漳水上

【강목|절요】*

평설

현왕 17년과 18년 이 두 해 동안 진(秦)이 위(魏)를 계속하여 공격하였다. 위는 진이 동쪽으로 진출하기 위해서 제일 먼저 넘어야 할 나라였다. 그래서 위를 집중적으로 공략한 것으로 보인다. 그런데 제후들조차 위를 공격하였으니, 위로서는 버티기가 힘들었다고 할 것이다.

난세를 극복하기에 부족한 혜왕이 이끄는 위는 일시적으로 북쪽에 있는 조(趙)를 공격하여 그 도읍인 한단을 포위하였다가 이를 포기하고 말았다. 이 해는 위 혜왕(惠王)이 등극한지 20년이 되는 해이기도 하였다. 앞에서도 말한 바와 같이 위 혜왕은 전국시대처럼 약육강식하는 시대에 한 나라를 책임지는 제왕으로 버틸 능력을 갖지 못했을지도 모른다. 왜냐하면 그는 이익(利益)을 제일 먼저 생각한 사람이었기 때문이다.

위 혜왕은 맹자를 보자마자 '무슨 이익을 줄 수 있느냐?'고 물었다. 이에 대하여 맹자는 이익을 챙기려 하기보다는 인의(仁義)를 먼저 생각하라고 충고했다. 이익을 최우선으로 생각한 혜

---

* 【강목】 (강) 十七年 秦伐魏. 諸侯圍魏襄陵 十八年 秦伐魏 【절요】 庚午 十八年

왕은 군사 방연을 동원하여 조를 치다가 결국은 국제적으로 공공의 적으로 내몰려 공격받기를 자초하였고, 그 결과가 이때에 나타난 것으로 볼 수 있다.

공사가 분명한 한 소후

원문번역

3 한의 소후(昭侯)가 신불해(申不害)를 재상으로 삼았다.

신불해라는 사람은 정(鄭)의 하급 관리였는데, 황·노·형명(黃老·刑名)을 배워서 소후(昭侯)에게 직접 왔다. 소후가 채용하여 재상으로 삼았는데, 안으로는 정치와 교육[政敎]을 잘 닦고 밖으로는 제후들에게 대응하여 15년 동안, 신자(申子) 자신이 끝맺을 때까지 나라는 잘 다스려지고 군대는 강하게 되었다.

신자는 일찍이 그의 4촌 형에게 벼슬을 하도록 해달라고 요청하였는데, 소후가 이를 허락하지 않으니, 신자는 원망하는 기색을 띠었다. 소후가 말하였다.

"그대에게 배우는 것은 나라를 잘 다스리려는 것이요. 지금 곧 그대의 요청을 들어주어 그대의 정치술(政治術)을 버릴 것인가? 아니면 그대의 정치술을 시행하고 그대의 청을 버릴 것인가? 그대는 일찍이 과인에게 공로를 닦으라고 하고 또 차례를 살피라고 가르쳤는데, 이제 사사롭게 구하는 것이 있으니, 내가 장차 어떻게 들어야 하오?"

신자가 이 말을 듣고 청사를 떠나서 죄 받기를 청하면서 말하였다.

"주군께서는 진짜로 그러한 분입니다."

소후가 낡은 바지 하나를 갖고 있었는데 이를 두라고 명령하였다. 시종이 말하였다.

"주군께서는 인자하지 않은 분이시니, 옆에 있는 사람에게 하사하지 않고 이를 보관하라고 하시다니!"

소후가 말하였다.

"내가 듣기로는 밝은 주군은 얼굴 한 번 찡그리는 것이나 한 번 웃는 것도 아껴야 된다고 하였으니, 한 번 찡그리게 되면 찡그리는 일이 있게 되고, 한 번 웃으면 웃을 일이 있는 것이다. 이제 바지 하나가 어찌 단지 웃고 찡그리는 것뿐이겠는가! 나는 반드시 공로를 세우는 사람을 기다렸다 줄 것이니라."

원문

3 韓昭侯以申不害爲相

申不害者 鄭之賤臣也 學黃·老·刑名 以干昭侯 昭侯用爲相 內修政教 外應諸侯 十五年 終申子之身 國治兵强

申子嘗請仕其從兄 昭侯不許 申子有怨色 昭侯曰 所爲學於子者 欲以治國也 今將聽子之謁而廢子之術乎 已其行子之術而廢子之請乎?

子嘗教寡人修功勞 視次第 今有所私求 我將奚聽乎? 申子乃辟舍請

罪曰 君眞其人也

昭侯有弊袴 命藏之 侍者曰 君亦不仁者矣 不賜左右而藏之! 昭侯曰

吾聞明主愛一嚬一咲 嚬有爲嚬 咲有爲咲 今袴豈特嚬咲哉! 吾必待

有功者

【강목|절요】*

평설

　한(韓)나라에서 법가(法家)인 신불해를 채용하여 정치를 담당하
게 하여 15년 만에 나라는 잘 다스려지고, 군사도 강하게 되었
다. 신불해는 비록 하급 관리에서 재상의 자리에 오르기는 했어
도 한나라에 큰 공로를 세운 사람이다.

　그러나 한 소후는 신불해의 사사로운 요구를 거절하며 공적
으로 모든 일을 처리하였다. 또 한 소후는 낡은 바지 하나조차
아무에게나 주지 않고 공로를 세운 사람에게 주려고 보관하게

---

* 【강목】 (강) 韓以申不害爲相 (목) 申不害者 鄭之賤臣也 學黃·老·刑名 以干韓昭
侯 昭侯用爲相 內修政敎 外應諸侯 十五年 終申子之身 國治兵强 申子嘗請仕其從
兄 昭侯不許 申子有怨色 昭侯曰 所爲學於子者 欲以治國也 今將聽子之謁而廢子
之術平 已其行子之術而廢子之請乎? 子嘗敎寡人修功勞 視次第 今有所私請 我將
奚聽乎? 申子乃辟舍請罪曰 君眞其人也 昭侯有弊袴 命藏之 侍者曰 君亦不仁者矣
不賜左右而藏之! 昭侯曰 吾聞明主愛一嚬一笑 嚬有爲嚬 笑有爲笑 今袴豈特嚬咲
哉! 吾必待有功者 【절요】 韓昭侯以申不害爲相 申不害者 鄭之賤臣也 學黃·老·
刑名 以干昭侯 昭侯用爲相 內修政敎 外應諸侯 十五年 終申子之身 國治兵强 韓昭
侯有弊袴 命藏之 侍者曰 君亦不仁者矣 不賜左右而藏之! 昭侯曰 吾聞明主愛一嚬
一咲 嚬有爲嚬 咲有爲咲 今袴豈特嚬咲哉! 吾必待有功者

하였다. 관직을 아끼는 것뿐만 아니라 낡은 바지조차 아낀 것이
다. 한 소후의 이러한 태도야말로 전국시대에, 그것도 사방에
강한 나라가 있는 상황에서 자기 나라를 지키기 위해서는 꼭 필
요한 태도였다.

한은 서쪽으로 진이 있고, 남쪽으로 초가 있으며, 북쪽으로
는 위와 조가 있으며 동쪽으로는 제가 있는 나라였다. 이렇게
강한 나라들에게 끼어 있는 나라를 지탱하는 문제는 그리 간단
하지는 않았을 것이다. 한 소후의 태도는 오늘날에도 여전히 유
효하지 않을까?

진에서 개혁을 밀어붙이는 상앙

원문번역

현왕 19년(辛未, 기원전 350년)

1 진의 상앙(商鞅)이 함양(咸陽, 섬서성 西安市 서북쪽)에 기궐(冀闕)과 궁
정을 쌓고서 이곳으로 이사하여 도읍하였다. 백성들에게 명
령하여 아버지와 아들, 형제가 같은 방에서 머무는 것을 금지
하였다. 아울러 여러 개의 작은 향(鄕)을 모아서 하나의 현(縣)
을 만들고, 현에는 현령(縣令)과 현승(縣丞)을 두었는데, 무릇 31
개의 현이었다.

정전(井田)을 폐지하고, 천맥(阡陌)을 개척하였다. 두(斗)·용(桶)·
권(權)·형(衡)·장(丈)·척(尺)을 고르게 하였다.

2 진(秦)과 위가 동(彤, 섬서성 華縣 경계 지역)에서 만났다.

3 조의 성후(成侯, 趙種)가 죽자, 공자(公子) 조설(趙緤)과 태자가 서
는 것을 가지고 다투었는데, 조설이 패하여 한으로 달아났다.

현왕 21년(癸酉, 기원전 248년)

1 진에서는 상앙이 다시 부세법(賦稅法)을 만들어 이를 시행하였

다.

원문

十九年

1 秦商鞅築冀闕宮庭於咸陽 徙都之 令民父子·兄弟同室內息者爲禁
幷諸小鄕聚 集爲一縣 縣置令·丞 凡三十一縣 廢井田 開阡陌 平斗·
桶·權·衡·丈·尺

2 秦·魏遇于彤

3 趙成侯薨 公子緤與太子爭立 緤敗 奔韓

二十一年

1 秦商鞅更爲賦稅法 行之

【강목|절요】*

평설

위앙이 진으로 가서 정치를 담당하고 공로를 세우자 후에 상
(商)에 책봉되기 때문에 보통 상앙으로 불리게 된다. 이러한 상
앙이 진나라에서 강력한 법률로 인민을 통제할 수 있게 만든 후
에 도읍을 함양으로 옮기고, 부자·형제가 한 집에 거주하는 것

---

* 【강목】(강) 十九年 秦徙都咸陽 廢井田 (목) 衛鞅築冀闕宮庭於咸陽 徙都之 令民
父子·兄弟同室內息者爲禁 幷諸小鄕聚 集爲一縣 縣置令·丞 凡三十一縣 廢井田
開阡陌 平斗·桶·權·衡·丈·尺 (강) 二十一年 秦更賦稅法 【절요】辛未 十九年 秦
商鞅築冀闕宮庭於咸陽 徙都之 幷諸小鄕聚 集爲一縣 縣置令·丞 凡三十一縣 廢井
田 開阡陌

을 금하는 인구증가책을 쓰며, 또 지방제도를 바꾼다. 경제적 유통을 염두에 둔 도량형(度量衡) 제도를 확립하고, 그리고 다시 주나라의 노역 세제인 정전제를 바꾸어 토지에 세금을 부과하는 부세 제도를 창안한다.

이러한 제도는 모두 새로운 것으로, 문명의 발달에 맞추어 고친 것이다. 강제로 조정의 힘을 가지고 밀어붙인 것으로 강력한 힘을 가졌을 때에 가능한 일이다.

진은 이제 강력한 힘을 가진 조정과 새로운 문명에 걸맞은 제도를 확립해 가고 있었다. 말하자면 천하를 통일할 수 있는 기반을 닦고 있는 것이다. 진은 법가를 채용하여 정부가 강한 힘으로 밀어붙인 것만 눈에 띄기 쉽지만, 실제로는 문명의 변화 방향을 파악하고 그 변화와 짝하는 제도를 창안하고 이를 실행하도록 추진했다는 점에서 단순한 독재와는 다르다고 해야할 것이다. 그러한 점에서 진의 효공은 천하통일의 제도적 기반을 완성한 사람으로 보아야 할 것이다.

그러므로 진의 통일은 하루 아침에 이루어진 것이 아니다. 적어도 진 시황이 통일을 이룩하기 120년~130년 전부터 통일의 준비를 해나갔다고 보아야 한다.

백의 지위에 오른 진 효공

원문번역

현왕 22년(甲戌, 기원전 347년)

1 조의 공자인 조범(趙范)이 한단(邯鄲)을 습격하였으나, 이기지
못하고 죽었다.

현왕 23년(乙亥, 기원전 346년)

1 제에서는 그 나라의 대부 전모(田牟)를 살해하였다.

2 노에서는 강공(康公; 姬毛, 33대)이 죽고 아들인 경공(景公) 희언(姬
偃)이 섰다.

3 위(衛)는 칭호를 깎아 후(侯)로 하고 삼진(三晉; 한·위·조)에 복속하
였다.

현왕 25년(丁丑, 기원전 344년)

1 제후들이 경사(京師; 낙양)에서 회합하였다.

현왕 26년(戊寅, 기원전 343년)

1 왕[顯王; 姬扁, 41대]이 진에게 백(伯)을 주니 제후들이 모두 진(秦)
에게 축하하였다. 진의 효공(孝公)이 공자 영소관(嬴少官)으로 하

여금 군사를 거느리고 제후들을 봉택(逢澤)에서 모아서 왕에게
조현하게 하였다.

원문

二十二年

1 趙公子范襲邯鄲 不勝而死

二十三年

1 齊殺其大夫牟

2 魯康公薨 子景公偃立

3 衞更貶號曰侯 服屬三晉

二十五年

1 諸侯會于京師

二十六年

1 王致伯于秦 諸侯皆賀秦 秦孝公使公子少官 帥師會諸侯于逢澤 以
朝王

【강목|절요】*

---

*【강목】(강) 二十二年 二十三年 衞更貶號曰侯 服屬三晉 (목) 【《통감》에는 안왕 25
년(기원전 377년)조에 기록된 것을《강목》에서는 이를 가져다가 이곳에 실음】初 子思
言苟變於衞侯曰 其才可將五百乘 公曰 吾知其可將 然變也嘗爲吏 賦於民而食人二
鷄子 故弗用也 子思曰 夫聖人之官人 猶匠之用木也 取其所長 棄其所短 故杞梓連
抱而有數尺之朽 良工不棄 今君處戰國之世 選爪牙之士 而以二卵棄干城之將 此不
可使聞於鄰國也 衞侯言計非是 而羣臣和者如出一口 子思曰 以吾觀衞 所謂君不君
臣不臣者也! 公丘懿子曰 何乃若是? 子思曰 人主自臧 則衆謀不進 事是而臧之 猶
却衆謀 況和非以長惡乎! 夫不察事之是非而悦人讚已 闇莫甚焉 不度理之所在 而

평설

주 현왕 22년부터 26년까지 5년간 특별한 일은 없었다. 다만 새로운 문명을 맞아서 진(秦)에서는 발 빠르게 제도적 개혁을 추진하였지만 여타 국가들은 주대(周代)의 생각에서 크게 벗어나지 못하고 있었다. 문명의 변화는 수용하면서 그에 따른 제도적인 개혁은 생각지도 못하고 있는 셈이다. 그래서 조나라와 제나라에서는 내분이 일어나고 작은 나라인 위(衛)나라에서는 그 주군의 호칭을 깎아내려 후(侯)로 부르게 한다. 그만큼 국력이 약화되고 국제적 지위도 떨어진 것이다.

그러나 현실적으로 진(秦)의 위협이 커지자 여러 제후들이 명목상 남아 있는 주(周)의 경사인 낙양에서 회합을 갖는다. 어떤 대책이 나왔을까? 내용에 관하여 아무런 기록은 없다. 다만 이러한 회합을 한 후 1년 만에 주 현왕은 스스로는 명목상 공주(共主)이기 때문에 진(秦)을 백(伯)이라고 명명한다.

백(伯)이란 패권(覇權)을 가졌다는 말로 춘추시대에 패권을 가졌던 다섯 나라를 오패(五覇), 또는 오백(五伯)이라 부른다. 이들은 각기 힘을 가지고 여러 제후를 통솔하여 주나라 왕을 지켰다

阿諛求容 諂莫甚焉 君闇臣諂 以居百姓之上 民不與也 若此不已 國無類矣! 子思言於衛侯曰 君之國事將日非矣! 公曰 何故? 對曰 有由然焉 君出言自以爲是 而卿大夫莫敢矯其非 卿大夫出言亦自以爲是 而士庶人莫敢矯其非 君臣旣自賢矣 而羣下同聲賢之 賢之則順而有福 矯之則逆而有禍 如此則善安從生! 詩曰 具曰予聖 誰知烏之雌雄? 抑亦似君之君臣乎! (강) 二十五年 諸侯會于京師 二十六年 致伯于秦 諸侯皆賀之秦 使公子少官 帥師會諸侯來朝 【절요】 내용없음

고 이렇게 부르는 것이다.

그런데 바로 모든 제후국의 통솔자라는 의미를 가진 춘추시대에 사용하던 백(伯)이라는 용어를 진에게 붙여주었다. 실제로는 춘추시대 패자의 행동과는 당시 진나라의 성격이 다르지만 주왕은 진의 힘이 다른 제후들보다 월등히 강하여 춘추시대에 사용하던 좋은 의미의 패자(覇者)라는 명칭을 준 것이다. 그러자 다른 제후들도 하는 수 없이 진에게 축하를 건넸을 것이다.

특기할 것은 《자치통감강목》에 구변의 채용 문제를 두고 자사가 한 말을 그 사건이 지난지 33년 뒤인 이 시기로 옮겨 싣고 있다. 물론 과거의 사건이라는 의미의 '初'를 앞에 두었지만 말이다. 그렇다면 《자치통감강목》의 편집자는 왜 이렇게 하였을까? 위(衛)나라는 그 제후의 칭호를 깎아내린 사건, 즉 국력이 약해진 원인이 인재 채용의 단견에서 비롯된 것이라는 것을 전하려는 것이 아닐까?

손빈에게 죽은 방연

원문번역

현왕 28년(庚辰, 기원전 341년)

1 위의 방연이 한을 쳤다. 한이 제에 구원하여주기를 요청하였다. 제의 위왕(威王; 田因齊, 4대)이 대신들을 소집하여 모의하여 말하였다.

"일찍 구원하는 것이 늦게 구원하는 것과는 어떻소?"

성후(成侯)가 말하였다.

"구해주지 않는 것만 못합니다."

전기(田忌)가 말하였다.

"구원해주지 않으면 한은 또한 꺾이어 위로 들어가게 되니, 일찍 구원해 줌만 못합니다."

손빈(孫臏)이 말하였다.

"대저 한과 위의 군사가 아직은 피폐하지 않은데 이를 구원하면 이는 우리 제나라가 한을 대신하여 위의 군대를 맞닥뜨리는 것이니, 도리어 한에게 명령을 듣는 것입니다. 또 위는 나라를 깨뜨릴 생각을 갖고 있을 것이니, 한에서는 망할 것이 보이면 반드시 동쪽을 돌아보면서 우리 제에게 호소할 것입니다. 우리는 이어서 한과 친화를 깊게 맺고, 위가 피폐한 것을 뒤늦게 이어받는다면 무거운 이익을 받고, 높은 명성도 얻을 수 있습니다."

왕[威王]이 말하였다.

"좋은 말씀이오."

마침내 몰래 한의 사자에게 이를 보내겠다고 허락하였다. 한에서는 이어서 제를 믿고 다섯 번 싸웠으나 이기지 못하자 동쪽으로 제에게 나라를 위탁하였다.

원문

二十八年

1 魏龐涓伐韓 韓請救于齊 齊威王召大臣而謀曰 蚤救孰與晚救? 成侯曰 不如勿救 田忌曰 弗救則韓且折而入於魏 不如蚤救之 孫臏曰 夫韓·魏之兵未弊而救之 是吾代韓受魏之兵 顧反聽命于韓也 且魏有破國之志 韓見亡 必東面而愬於齊矣 吾因深結韓之親 而晚承魏之弊則可受重利而得尊名也 王曰 善 乃陰許韓使而遣之 韓因恃齊 五戰不勝 而東委國于齊

【강목|절요】*

마릉 전투도 (기원전 341년)

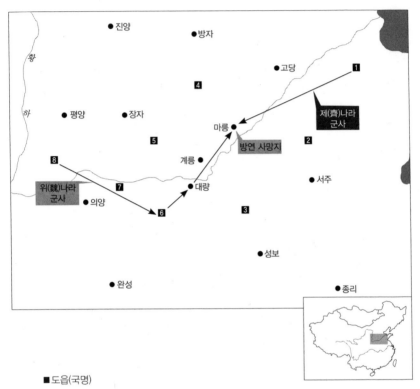

■도읍(국명)

①임치(齊) ②곡부(魯) ③수양(宋) ④한단(趙) ⑤복양(衛) ⑥신정(韓)

⑦낙양(周) ⑧안읍(魏)

제의 손빈은 방연이 ⑥신정에 있을 때 ⑧안읍 방향으로 군사를 보냈다가 물러나는 척하면서 마릉에서 뒤쫓아오는 방연을 기다린 것이다.

평설

위 혜왕은 이익을 우선으로 하는 사람이었기 때문에 계속하여 주변의 나라를 침범하였다. 지난번에는 방연을 앞세워 북쪽으로 조를 공격했었는데, 이번에는 남쪽으로 한(韓)을 공격하였다. 한은 손빈이 있는 제(齊)나라에 구원해 달라고 요청하였다.

손빈은 한이 지쳐서 제에 모든 것을 맡길 때까지 기다렸다가 한을 돕기로 하였다. 그것은 한이 위나라를 감당할 수 없을 때에는 위나라의 군대도 피폐해질 거라 믿고 기다린 것이다. 그리하여 한은 자기 나라의 운명을 제에 맡기기로 하였다. 제나라에서는 어부지리를 얻으려고 생각한 것이다.

***

원문번역

제는 이어서 전기(田忌)·전영(田嬰)·전반(田盼)으로 하여금 이들을 거느리게 하고, 손자를 군사(軍師)로 삼아서 한을 구원하는데, 곧바로 위의 도읍[大梁, 하남성 개봉시]으로 달려갔다.

방연(龐涓)이 이 소식을 듣고, 한을 떠나서 돌아갔다. 위나라 사람들이 군대를 크게 발동하였는데, 태자 위신(魏申)을 장수

伐韓 韓請救于齊 齊威王召大臣而謀之 成侯鄒忌曰 不如勿救 田忌曰 不救則韓且折而入於魏矣 不如蚤救之 孫臏曰 夫韓·魏之兵未弊而救之 是吾代韓受魏之兵 顧反聽命於韓也 且魏有破國之志 韓見亡 必東面而愬於齊矣 吾因深結韓之親 而晚承魏之弊則可受重利而得尊名也 王曰 善 乃陰許韓使而遣之 韓因恃齊 五戰不勝 而東委國于齊【절요】庚辰 二十八年 魏龐涓伐韓 韓請救于齊

로 삼고서 제의 군사를 막게 했다.

손자가 전기에게 말하였다.

"저들 삼진의 병사들은 평소 사납고 용감하여 우리 제를 가볍게 보고 있으며 제를 겁쟁이라고 호칭합니다. 싸움 잘하는 사람은 그 형세를 이용하여 이를 이롭게 이끕니다. 《병법》에서는 '100리의 속도로 이익을 쫓아가는 자는 상장(上將)을 잃을 것이고, 50리의 속도로 이익을 좇는 자는 군사는 반에 이를 것이다.'고 하였습니다."

마침내 제의 군사들로 하여금 위의 땅으로 들어가서 10만 개의 아궁이를 만들어놓게 하고, 다음날에는 5만개의 아궁이를 만들어놓게 하며, 또 그 다음날에는 2만개의 아궁이를 만들어놓게 하였다. 방연은 3일을 행군하고서 크게 기뻐하면서 말하였다.

"나는 원래 제의 군사들이 겁쟁이라는 것을 알고 있었지만 우리 땅에 들어온 지 3일 만에 도망간 사졸들이 반을 넘었구나!"

마침내 위의 보군을 내버려두고, 그의 날쌘 정예의 군사와 더불어 배의 속도로 나란히 행군하여 그들을 쫓았다.

손자(孫子)가 그들의 행군상황을 헤아리고 저녁이면 마땅히 마릉(馬陵)에 이를 것으로 보았는데, 마릉은 길이 좁고 주변에는 장애물이 많아서 군사를 숨길 만하여 마침내 큰 나무를 찍어 희게 만들어놓고 그 위에 글씨를 썼다.

"방연은 이 나무 아래에서 죽는다."

이에 제의 군사 가운데 활 잘 쏘는 사람으로 1만 개의 노(弩)를 길을 끼고 매복하게 하고, 해가 지고 불빛이 보이거든 함께 발사하기로 약속해두었다.

방연이 과연 밤에 도착하여 나무를 찍어놓은 곳의 아래에 이르렀고, 흰 곳에 쓴 글씨를 보고 횃불로 이를 비추고 읽기를 다 마치기도 전에 만개의 노(弩)가 함께 발사되니, 위의 군사는 크게 혼란하여 서로서로 잃어버렸다. 방연은 스스로 자기의 지혜는 끝이 나고 군사는 패배하였다는 것을 알고서 마침내 스스로 목을 베면서 말하였다.

"드디어 어린 녀석의 이름을 날리게 되었구나!"

제는 이어서 이긴 기세를 타고 위의 군사를 대패시키고 그 태자 위신(魏申)을 포로로 잡았다.

원문

齊因起兵 使田忌·田嬰·田盼將之 孫子爲師 以救韓 直走魏都 龐涓 聞之 去韓而歸 魏人大發兵 以太子申爲將 以禦齊師 孫子謂田忌曰 彼三晉之兵素悍勇而輕齊 齊號爲怯 善戰者因其勢而利導之 兵法 百里而趨利者蹶上將 五十里而趨利者軍半至 乃使齊軍入魏地爲十 萬竈 明日爲五萬竈 又明日爲二萬竈. 龐涓行三日 大喜曰 我固知齊 軍怯 入吾地三日 士卒亡者 過半矣! 乃棄其步軍 與其輕銳倍日幷行 逐之 孫子度其行 暮當至馬陵 馬陵道陿而旁多阻隘 可伏兵 乃斫大

樹 白而書之曰 龐涓死此樹下! 於是令齊師善射者萬弩夾道而伏 期

日暮見火擧而俱發 龐涓果夜到斫木下 見白書 以火燭之 讀未畢 萬

弩俱發 魏師大亂相失 龐涓自知智窮兵敗 乃自剄 曰 遂成豎子之名!

齊因乘勝大破魏師 虜太子申

【강목|절요】*

평설

제나라에서는 한이 지친 것을 보고 바로 군사를 발동하여 위의 도읍[안읍]을 향하였다. 조나라를 도울 때와 같은 전략이었다. 그리하자 위나라의 방연은 즉시 군사를 돌려서 제나라 군사를 막았다.

---

*【강목】(목) 齊因起兵 使田忌將 孫子爲師 以救韓 直走魏都. 龐涓聞之 去韓而歸 魏人大發兵 以太子申爲將 以禦齊師 孫子曰 彼三晉之兵 素悍勇而輕齊 齊號爲怯 善戰者因其勢而利導之 兵法 百里而趨利者蹶上將 五十里而趨利者軍半至 乃使齊 軍入魏地爲十萬竈 明日爲五萬竈 又明日爲二萬竈 龐涓行三日 大喜曰 我固知齊 軍怯 入吾地三日 士卒亡者 過半矣! 乃棄其步軍 率輕銳倍日幷行逐之 孫子度其暮 當至馬陵 馬陵道陝而旁多阻隘 可伏兵 乃斫大樹 白而書之曰 龐涓死此樹下! 於是 令萬弩夾道而伏 期日暮見火擧而俱發 龐涓果夜至 見白書 以火燭之 讀未畢 萬弩 俱發 魏師大亂相失 涓乃自剄 曰 遂成豎子之名! 齊因乘勝大破魏師 虜太子申【절요】齊威王因起兵 使田忌·田嬰·田盼將之 孫臏爲師 以救韓 直走魏都 龐涓聞之 去韓而歸 魏人大發兵 以太子申爲將 以禦齊師 孫子謂田忌曰 彼三晉之兵素悍勇而輕齊 齊號爲怯 善戰者因其勢而利導之 兵法 百里而趨利者蹶上將 五十里而趨利者軍半至 乃使齊軍入魏地爲十萬竈 明日爲五萬竈 又明日爲二萬竈 龐涓行三日 大喜曰 我固知齊軍怯 入吾地三日 士卒亡者 過半矣! 乃棄其步軍 與其輕銳倍日幷行逐之 孫子度其行 暮當至馬陵 馬陵道陝而旁多阻隘 可伏兵 乃斫大樹 白而書之曰 龐涓死此樹下! 於是令齊師善射者萬弩夾道而伏 期日暮見火擧而俱發 龐涓果夜到斫木下 見白書 以火燭之 讀未畢 萬弩俱發 魏師大亂相失 龐涓自知智窮兵敗 乃自剄 齊因乘勝大破魏師

그러자 손빈은 짐짓 패퇴하는 듯 보임으로써 위나라 군사를 유인하였고, 드디어 마릉에 도착하여 복병을 숨겨두니, 방연은 자기가 속은 것을 알고 자살하여 손빈과 방연의 경쟁은 끝났다.

방연이 죽으면서 위는 급속도로 쇠약해진다. 그러나 사실 위 혜왕은 그 아버지 무후가 죽자 자기 동생 공자완과 후계자리를 놓고 다툼으로써 나라를 위기에 빠뜨렸었다.

동생 공자완을 이긴 다음에는 일시적으로 패권을 구가할 만큼 강하였으나, 위에 있었던 상앙을 채용하지 못하여 진으로 나가게 한 실책을 저질렀고, 또 친구 손빈의 사지를 자르면서까지 천하제일의 군사전략가가 되고자 한 방연을 채용하였다.

코앞에 닥친 이익만을 보는 단견(短見)의 소유자였기 때문에 인재 채용에서는 그러한 단견을 드러냈고, 그것은 결국 위의 약화로 이어진다.

그러한 그는 비록 중원지역에서 제일 먼저 칭왕(稱王)을 하여 주나라 천자와 대등한 명칭을 사용했지만, 장래를 보는 안목이 없었던 까닭에 결국 손빈에게 대패하였고, 그의 태자도 포로가 되기에 이른다. 때문에 맹자 말을 빌리면 '임금 같지 않은 임금'인 둘째 아들 양왕(襄王)이 뒤를 이어 들어서게 하였다.

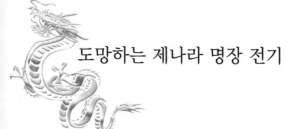

도망하는 제나라 명장 전기

원문번역

2 성후(成侯) 추기(鄒忌, 제의 재상)가 전기(田忌)를 미워하여 사람을 시켜서 10금(金)을 부리며 저자거리에 가서 점을 치게 하며 말하였다.

"나는 전기의 사람이다. 내가 장차 세 번 싸워서 세 번 승리하고서 큰일을 실행하려고 하는데, 가능하겠소?"

점치는 사람이 나갔고 이어서 사람을 시켜서 그를 잡았다. 전기는 스스로 해명할 길이 없어서 그 무리를 거느리고 임치(臨淄, 산동성 淄博市)를 공격하여 성후를 달라고 요구하였으나, 이기지 못하자 초로 도망하였다.

원문

2 成侯鄒忌惡田忌 使人操十金 卜於市 曰 我田忌之人也 我爲將三戰三勝 欲行大事 可乎? 卜者出 因使人執之 田忌不能自明 率其徒攻臨淄 求成侯 不克 出奔楚

평설

　위나라 방연이 조나라와 한나라를 공격하였을 때에 제나라의 장군으로 출정한 사람이 전기였다. 전기는 비록 손빈을 군사(軍師)로 하여 승리한 사람이기는 하지만 출정한 군대의 장군으로 제나라에 큰 공로를 세운 것이다.

　이러한 사실을 재상인 추기는 못마땅해하였다. 재상인 자기보다 더 큰 공을 세웠기 때문이다. 그래서 장군 전기의 지위가 혹 재상인 자기의 자리를 위협할지도 모른다는 생각을 했을지도 모른다.

　여기까지 생각한 재상 추기는 전기를 제거할 목적으로 전기가 반역의 뜻을 가지고 있는 것으로 오해받도록 일을 꾸몄고, 스스로를 변명할 길이 없는 전기는 초나라로 망명한다. 전기는 제나라에 위왕(威王)이 죽고 선왕(宣王)이 등극한 뒤에야 다시 제로 돌아올 수가 있었다.

---

* 【강목】 내용없음 【절요】 내용없음

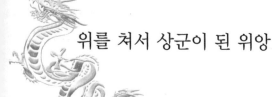

위를 쳐서 상군이 된 위앙

원문번역

현왕 29년(辛巳, 기원전 340년)

1 위앙이 진 효공(孝公)에게 말하였다.

"진(秦)에 있어서 위(魏)는 비유로 말하자면 사람이 갖고 있는 뱃속의 병과 같으니, 위가 진를 병탄하지 않으면 진이 위를 합병할 것입니다. 왜 그럴까요? 위는 산 고개와 험준한 곳의 서쪽에 자리하고 있고, 안읍(安邑, 산서성 夏縣)에 도읍하고 있으며 우리 진과 황하를 경계로 하고 있고, 산[崤山] 동쪽에 있는 이로움을 오로지하고 있으며, 이로우면 서쪽으로 우리 진을 침범하고, 병통이 있으면 동쪽으로 땅을 거두어들입니다.

이제 주군의 현명하고 성스러움으로 우리나라가 의지하여 번성하고 있지만 위는 지난해에 제에게 대파되었고, 제후들도 그를 배반하고 있으니, 이러한 때를 이용하여 위를 칠 수 있습니다. 위는 우리 진을 지탱할 수 없어서 반드시 동쪽으로 옮길 것이니, 그런 다음에 진은 황하와 산의 굳건함을 점거하면 동쪽으로는 제후들을 통제할 수 있게 되고, 이것이 제왕의 대업입니다."

공[孝公]이 이 말을 좇아서 위앙으로 하여금 군사를 거느리고 위를 치게 하였다. 위는 공자(公子) 위앙(魏卬)으로 하여금 이를 막게 하였다.

원문

二十九年

1 衛鞅言於秦孝公曰 秦之與魏 譬若人有腹心之疾 非魏幷秦 秦即幷 魏 何者? 魏居嶺阨之西 都安邑 與秦界河 而獨擅山東之利 利則西 侵秦 病則東收地 今以君之賢聖 國賴以盛 而魏往年大破於齊 諸侯 畔之 可因此時伐魏 魏不支秦 必東徙 然後秦據河·山之固 東鄉以制 諸侯 此帝王之業也 公從之 使衛鞅將兵伐魏 魏使公子卬將而禦之

【강목|절요】*

평설

위나라가 제나라와의 싸움에서 두 번이나 크게 패하여 국력

---

* 【강목】(강) 二十九年 秦衛鞅伐魏 誘執其將公孫卬 而敗之 魏獻河西地於秦 徙都
大梁 秦封商鞅爲商君 (목) 衛鞅言於秦孝公曰 秦之與魏 譬若人有腹心之疾 非魏幷
秦 秦即幷魏 何者? 魏居嶺阨之西 都安邑 與秦界河 而獨擅山東之利 利則西侵秦
病則東收地 今以君之賢聖 國賴以盛 而魏往年大破於齊 諸侯叛之 可因此時伐魏
魏不支秦 必東徙 然後秦據河·山之固 東鄉以制諸侯 此帝王之業也 公從之 使鞅將
兵伐魏 魏使公子卬將而禦之【절요】辛巳 二十九年

이 피폐하였을 때에 위앙은 진 효공에게 위나라를 공격하라고 건의한다. 자기가 원래 있던 위를 공격하도록 한 것이다. 진나라로부터 공격을 받은 위 혜왕은 공자앙을 보내어 이를 막게 한다.

***

원문번역

군대가 이미 상당한 거리를 두고 대치하고 있는데, 위앙(衛鞅)이 위의 공자 위앙(魏卬)에게 편지를 보내어 말하였다.

"나는 처음에 공자와는 서로 환영하는 사이였는데, 이제는 모두 두 나라의 장수가 되어 차마 서로 공격하지 못하고 있으니, 공자와 얼굴을 맞대고 맹약을 맺고 즐겁게 마시고 군사를 물려서 진과 위의 백성을 편안하게 할 수 있습니다."

공자 위앙은 그렇다고 생각하고, 마침내 서로 더불어 모여서 맹약을 맺고 나서 술을 마셨지만 위앙(衛鞅)은 갑사(甲士: 갑옷을 입은 군사)를 매복시켜놓고 있다가 공자 위앙(魏卬)을 습격하여 포로로 잡고 이어서 위의 군사를 공격하여 대파하였다.

위의 혜왕은 두려워서 사신을 진에 보내서 하서의 땅을 진에 헌납하고 화의하였다. 이어서 안읍(安邑: 도읍, 산서성 夏縣)을 떠나 도읍을 대량(大梁, 하남성 開封市)으로 옮겼다. 마침내 한탄하여 말하였다.

"내가 공숙[公叔座]의 말을 채용하지 않은 것을 한스러워 하노라!"

진은 위앙을 상어(商於, 섬서성 商縣에서 하남성 內鄕縣에 이르는 지역)의
15개 읍에 봉하고 상군이라고 불렀다.

2 제와 조가 위를 쳤다.

3 초의 선왕(宣王; 羋良夫, 19대)이 죽고 아들인 위왕(威王, 20대) 미상
(羋商)이 섰다.

원문

軍既相距 衞鞅遺公子卬書曰 吾始與公子驩 今俱爲兩國將 不忍相
攻 可與公子面相見盟 樂飮而罷兵 以安秦·魏之民 公子卬以爲然 乃
相與會 盟已 飮 而衞鞅伏甲士 襲虜公子卬 因攻魏師 大破之
魏惠王恐 使使獻河西之地於秦以和 因去安邑 徙都大梁 乃嘆曰 吾
恨不用公叔之言!
秦封衞鞅商於十五邑 號曰商君

2 齊趙伐魏

3 楚宣王薨 子威王商立

【강목│절요】*

---

* 【강목】 (목) 軍既相距 衞鞅遺公子卬書曰 吾始與公子驩 今俱爲兩國將 不忍相攻
可與公子面相見盟 樂飮而罷兵 以安秦·魏之民 卬以爲然 乃相與會盟而飮 鞅伏甲
襲卬虜之 因大破魏師 魏惠王恐 獻河西地於秦以和 因去安邑 徙都大梁 乃嘆曰 吾
恨不用公叔之言! 秦封衞鞅商於十五邑 號曰商君 (강) 【二胡氏의 말을 추가함】 齊趙
伐魏 【절요】 秦封衞鞅商於十五邑 號曰商君

평설

위앙(衛鞅)은 공자(公子)인 앙(卬)에게 위(魏)나라에 같이 있었던 것을 가지고 싸우지 말고 말로 해결하자고 유혹하였다. 이것이 속임수라는 것을 알지 못한 공자앙은 대비하지 아니하였다. 결국 진(秦)의 위앙(상앙)은 위(魏)의 위앙[공자앙]의 군대를 대패시켰다.

주의 예(禮) 질서는 무너지고 새로운 질서는 아직 탄생하지 않은 시대, 이러한 시대인 전국시대는 거짓말이 판치는 시대였다. 하지만 공자앙(위의 위앙)은 이러한 시대의 성격을 몰랐기 때문에 큰 실패를 하게 된 것이다.

역사를 읽으면서 자기가 살고 있는 시대의 성격을 파악하지 못한다면 공자앙의 꼴이 나는 것은 분명할 터이다. 그렇다면 과연 요즈음은 어떤 시대일까?

이러한 실패를 겪고 나서야 위 혜왕은 예전에 재상이었던 공손좌가 위앙(상앙)을 채용하라고 했던 권고를 듣지 않았던 것을 후회한다. 그러나 이미 지나간 일을 되돌릴 수는 없었다. 때문에 혜왕은 진을 피하여 도읍을 보다 동쪽에 있는 대량으로 옮겨야 했다.

다른 한편으로 이 공로로 인하여 위앙(상앙)은 진나라에서 상(商)을 식읍으로 받고 군(君)이라는 작위를 받아서 상군(商君)이 된다. 그리하여 위앙은 상앙으로 불리기 시작하였다.

상앙의 말로와 그 실패의 이유

원문번역

현왕 31년(癸未, 기원전 338년)

1 진의 효공(孝公; 嬴渠梁)이 죽고, 아들 혜문왕(惠文王; 嬴駟, 26대)이 섰다. 공자 영건(嬴虔)의 무리들이 상군(商君=상앙)이 반란을 일으키려 한다고 고하니 관리들을 풀어서 그를 잡고자 했다. 상군은 도망하여 위로 갔으나 위인(魏人)이 받아들이지 않아서 다시 보내어 진으로 들어갔다.

상군은 마침내 그의 무리들과 함께 상어(商於, 섬서 상현에서 하남성 내향현에 이르는 지역)에 가서 군사를 내어서 북쪽으로 정(鄭, 섬서성 華縣)을 공격하였다. 진인(秦人)들이 상군(商君=衛鞅)을 공격하여 그를 죽였는데, 차열(車裂)하여 조리 돌리고, 그 집안사람도 모두 없앴다.

원문

三十一年

1 秦孝公薨 子惠文王立 公子虔之徒告商君欲反 發吏捕之 商君亡之
魏 魏人不受 復內之秦 商君乃與其徒之商於 發兵北擊鄭 秦人攻商
君 殺之 車裂以狥 盡滅其家

【강목|절요】*

평설

　상앙의 운명은 그를 받아들인 효공이 죽는 것으로 끝났다.
그의 개혁 조치는 많은 귀족들의 불평을 쌓았을 것이고, 그것은
곧 그를 모함하는 것으로 이어진다.

　상앙은 비록 진나라에서 개혁 조치를 통하여 부국강병을 이
루었으나, 그것은 하나만 알고 둘은 몰랐던 형국이었다. 기존
세력을 안무할 정치력이 없었던 것이다. 결국 그는 쫓기어 자기
가 떠났던 위(魏)로 갔지만 위에서는 자신들을 속였던 그를 받아
줄 리가 없었다. 결국 진에서 차열되는 말로를 만난다.

***

---

* 【강목】(강) 三十一年　秦伯卒 秦人誅衛鞅 滅其家 (목) 孝公薨 太子立 是爲惠文
王 公子虔之徒告商君欲反 發吏捕之 商君出亡 欲止客舍 舍人曰 商君之法 舍人無
驗者坐之 商君嘆曰 爲法之弊 一至此哉 去之魏 魏人不受 內之秦 秦人攻殺之 車裂
以狥 盡滅其家 【절요】癸未 三十一年 秦孝公薨 子惠文王立 公子虔之徒告商君欲
反 發吏捕之 商君亡之魏 魏人不受 復內之秦 商君與其徒之商於 秦人攻商君 殺之
車裂以狥 盡滅其家

원문번역

애초에, 상군이 진에서 재상 노릇을 하면서, 법을 사용하는 것이 엄격하고 혹독하였는데, 일찍이 위(渭, 위수)에서 죄수를 재판하니, 위수가 다 붉어졌다. 재상 노릇 10년에 사람들이 대부분 그를 원망하였다.

조량(趙良, 상앙의 친구)이 상군을 만났더니, 상군이 물었다.

"그대는 내가 진을 다스리는 것을 보았으니, 오고대부(五羖大夫)와는 누가 현명하오?"

조량이 말하였다.

"1천 명의 사람들이 '좋다. 좋다.'하는 것이 한 선비가 악악(諤諤)을 하는 것만 못합니다. 제가 청컨대 해가 질 때까지 바른 말을 하여도 죽이지 않기를 바라는데 가능하겠습니까?"

상군이 말하였다.

"허락하오."

조량이 말하였다.

"오고대부는 형(荊, 초나라 지역의 다른 이름)의 시골 사람인데 목공(穆公; 嬴王好, 진의 9대 군주)은 소먹이를 주는 자리에서 들어내서 그를 백성들의 윗자리에 앉혔더니 진국(秦國)에서는 그를 넘겨다볼 사람이 없었습니다.

진의 재상을 6~7년 하였는데, 동으로는 정(鄭, 新鄭縣)을 치고, 진(晉)의 주군 셋을 세웠으며, 한 번 형(荊)의 화를 구하여주었습니다. 그는 재상이 되어서는 피로하여도 앉는 수레를 타지 않았고 더워도 덮개를 덮지 않았습니다. 나라 안을 다닐 때에도 수레가 좇지 못하게 하고, 방패와 창을 휘두르지도 않았습니다. 오고대부가 죽자 진 나라의 남자·여자는 눈물을 흘렸으며 아이들은 노래를 부르지 않고, 절구질하는 사람도 서로 공이질을 하지 않았습니다.

이제 그대의 경우를 보면 폐인(嬖人) 경감(景監)을 이용하여 주군으로 하였고, 정치를 함에서는 공족들을 능멸하였으며 백성들을 죽이고 다치게 하였습니다. 공자인 영건(嬴虔)이 문을 닫아건 지 8년이었습니다. 그대는 또 축환(祝懽)을 죽였고, 공손가(公孫賈)에게 경형(黥刑)을 내렸습니다. 《시경(詩經)》에는 '사람을 얻은 자는 일어나고, 사람을 잃은 자는 무너진다.'고 하였는데, 이 몇 가지 일은 사람을 얻는 바가 되지 못합니다.

그대가 나오면 뒤따르는 수레에는 갑병(甲兵)을 실었고, 힘이 많고 병협(駢脅)하는 사람들이 참승(驂乘)하고, 창을 잡고 무기를 휘두르는 사람이 수레 옆을 좇고 있습니다. 이런 것 가운데 어느 한 가지라도 갖추지 않으면, 그대는 정말로 나오지 않습니다.

《서경(書經)》에는 '덕(德)을 믿는 사람은 번창하고 힘을 믿는 사람은 망하리라.'고 하였는데 지금 이 몇 가지는 덕을 믿는 것이 아닙니다. 그대가 위험하기로는 마치 아침의 이슬과 같은데 오히려 상어의 부유함만을 탐하고 있으며, 진의 정치로 총애를 받으려고 하지만 백성들은 원망을 쌓고 있습니다.

진왕(秦王)이 어느 날 아침에 빈객(賓客)의 자리에서 덜어내서 조회(朝會)하는 마당에도 서지 못하게 되면 진국에서 그대를 잡아들이려는 사람이 어찌 적겠습니까?"

상군은 좇지 않았다. 5개월을 살다가 어려움이 일어났다.

원문

初 商君相秦 用法嚴酷 嘗臨渭論囚 渭水盡赤 爲相十年 人多怨之 趙良見商君 商君問曰 子觀我治秦 孰與五羖大夫賢? 趙良曰 千人之 諾諾 不如一士之諤諤 僕請終日正言而無誅 可乎? 商君曰 諾 趙良 曰 五羖大夫 荊之鄙人也 穆公擧之 牛口之下 而加之百姓之上 秦國 莫敢望焉 相秦六七年而東伐鄭 三置晉君 一救荊禍 其爲相也 勞不 坐乘 暑不張蓋 行於國中 不從車乘 不操干戈 五羖大夫死 秦國男女 流涕 童子不歌謠 春者不相杵 今君之見也 因嬖人景監以爲主 其從 政也 凌轢公族 殘傷百姓 公子虔杜門不出已八年矣 君又殺祝懽而 黥公孫賈 詩曰 得人者興 失人者崩 此數者 非所以得人也 君之出也 後車載甲 多力而駢脅者爲驂乘 持矛而操闟戟者旁車而趨 此一物不 具 君固不出 書曰 恃德者昌 恃力者亡 此數者 非恃德也 君之危若 朝露 而尚貪商於之富 寵秦國之政 畜百姓之怨 秦王一旦捐賓客而 不立朝 秦國之所以收君者豈其微哉! 商君弗從 居五月而難作

【강목|절요】*

---

* 【강목】 (목) 初 商君用法嚴酷 步過六尺者有罰 棄灰於道者被刑 嘗臨渭論囚 渭水

평설

　사마광은 상앙이 차열되는 사건을 기록하면서 왜 상앙이 실패하였는가를 판단할 수 있는 일화를 소개하고 있다. 상앙은 엄형(嚴刑) 정치를 하면서 일시적으로 치적(治績)이 쌓이자 자기의 능력을 과거의 명재상인 오고대부와 견주어 보려고 하였다.

　오고대부란 백리해(百里奚)를 말하는데, 그는 춘추시대의 진(秦) 목공시절에 목공을 도와서 진으로 하여금 패권을 누리게 한 사람이었다. 상앙은 진나라를 잘 다스렸던 인물 가운데 춘추시대에 백리해가 있었다면 전국시대에는 자기가 있다고 생각하였다.

盡赤 爲相十年 人多怨之 嘗問趙良曰 我治秦 孰與五羖大夫賢? 良曰 千人之諾諾 不如一士之諤諤 僕請終日正言而無誅 可乎? 商君曰 諾 良曰 五羖大夫 荊之鄙人也 穆公擧之 牛口之下 而加之百姓之上 秦國莫敢望焉 相秦六七年而東伐鄭 三置晉君 一救荊禍 巴人致貢 犬戎來服 其爲相也 勞不坐乘 暑不張蓋 行於國中 不從車乘 不操干戈 及其死也 男女流涕 童子不歌謠 舂者不相杵 今君之見也 因景監以爲主 其從政也 凌轢公族 殘傷百姓 公子虔杜門不出已八年矣 詩曰 得人者興 失人者崩 此數者 非所以得人也 君之出也 後車載甲 多力而骿脅者爲驂乘 持矛而操闟戟者旁車而趨 書曰 恃德者昌 恃力者亡 此數者 非恃德也 君之危若朝露 而尙貪商於之富 寵秦國之政 畜百姓之怨 無變計 秦王一旦捐賓客而不立朝 秦國之所以收君者 豈其微哉! 商君不聽 居五月而難作 【胡氏曰을 추가함】【절요】初 商君相秦 用法嚴酷 嘗臨渭論囚 渭水盡赤 爲相十年 人多怨之 趙良見商君 商君問曰 子觀我治秦 孰與五羖大夫賢? 趙良曰 千人之諾諾 不如一士之諤諤 僕請終日正言而無誅 可乎? 商君曰 諾 趙良曰 五羖大夫 荊之鄙人也 穆公擧之 牛口之下 而加之百姓之上 秦國莫敢望焉 相秦六七年而東伐鄭 三置晉君 一救荊禍 其爲相也 勞不坐乘 暑不張蓋 五羖大夫死 秦國男女流涕 童子不歌謠 舂者不相杵 今君之從政也 凌轢公族 殘傷百姓 公子虔杜門不出已八年矣 君又殺祝懽而黥公孫賈 詩曰 得人者興 失人者崩 此數者 非所以得人也 君之危若朝露 而尙貪商於之富寵 秦國之政 畜百姓之怨 秦王一旦捐賓客而不立朝 秦國之所以收君者 豈其微哉! 商君弗從 居五月而難作

그러나 그의 친구인 조량이 백리해와 상앙의 다른 점을 꼬집어 말하기를, 백리해는 가만히 있어도 능력이 드러났고 정치가 백성들을 이롭게 했지만, 상앙은 자기 스스로 진 효공에게 줄을 대어서 출세하였으며 엄형의 방법으로 다스렸기 때문에 많은 인심을 잃었다고 말했다. 비교가 되지 않는다는 평가였다.

마지막으로 조량이 진의 효공이 죽으면 상앙이 위태로워질 것이라고 미리 예언을 해 주었지만 대비하지 않다가 차열을 당했다는 이야기를 덧붙였다.

자기가 한 일을 되돌아보면서 스스로를 대단하게 생각하는 사람들이 있다. 요즘 조금 성공했다 싶으면 자서전을 써서 으스대는 것처럼 말이다.

상앙도 이와 마찬가지의 이유로 조량에게 물었던 것이다. 이런 사람은 조금만 뒤로 물러나 객관적으로 자신을 돌아본다면 자기 자신을 정확히 볼 수 있고, 장차 닥칠 일도 쉽게 짐작할 수 있다. 그러니 상앙은 애써 누군가에서 물을 필요조차 없는 일을 물었던 것은 단순히 자신을 자랑하고 싶었을 뿐이었다.

그래서 친구 조량이 상앙의 장래를 예언했지만 그는 이를 받아들이려고 하지 않았다. 사람은 항상 한발 뒤로 물러나서 스스로를 돌아보는 지혜가 필요하지 않을까? 그것이 실패하지 않는 길이니까 말이다.

없어지는 은 왕조의 흔적

원문번역

현왕 32년(甲申, 기원전 337년)

1 한(韓)의 신불해(申不害: 재상)가 죽었다.

현왕 33년(乙酉, 기원전 336년)

1 송(宋)의 태구(太丘, 하남성 永城縣)에 있는 사직단(社稷壇)이 없어졌다.

원문

三十二年

1 韓申不害卒

三十三年

1 宋太丘社亡

【강목|절요】*

---

* 【강목】 (강) 三十二年 韓申不害卒 三十三年 宋太丘社亡 【절요】 乙酉 三十三年

평설

　주 현왕 32년에 법가로 한나라에서 재상을 지낸 신불해가 죽었다. 신불해는 기원전 385년에 탄생한 기록이 있으므로 이 대로라면 48세에 죽은 것이다. 다른 기록에는 기원전 420년에 출생하였다고 하는데, 그렇다면 83세가 되는 해이다.

　어쨌거나 신불해는 한 소후에게 중용되어서 한에서 19년간 있는 동안에 안으로 정치를 가다듬고, 밖으로 제후들에게 적당히 대응하여 완충국의 자리에 있었던 한을 강성하게 만들었다는 평가를 받고 있다.

　그다음 해에 송의 태구에 있는 사단(社壇)이 없어졌다. 송(宋)나라는 주 무왕이 은(殷)나라의 주(紂)를 구축한 뒤에도 은 계통의 나라로 남아 있었다. 말하자면 주왕이 천자인 시대를 맞아서 제후로 변신하여 그 명맥을 유지하면서 은나라의 조상에 대한 제사를 모시고 있었던 것으로 보인다.

　또 다른 기록을 보면 송나라 태구에 구정(九鼎)을 보관하였다는 내용이 있는데, 이 9개의 정(鼎)이란 역사 이래의 모든 정을 다 말하는 것이며 이것이 송나라에 보관되어 있다가 없어졌다는 것이다. 그러나 이러한 기록들은 모두 논리에 맞지 않는 부분이 있어서 논란이 된다.

　또 진(秦) 무왕이 정(鼎)을 들다가 죽은 사건은 30년 뒤에 벌어지는데 이 정은 어떤 것인지 분명치가 않다.

　그러나 사단(社壇)이 없어졌음에도 불구하고 송나라는 기원전

286년에 제나라에 멸망할 때까지 50년 더 이어지다가 멸망한다. 그러나 이미 사직단이 없어졌다는 것은 송나라 국력이 기울 대로 기울어 더 이상 지탱할 수 없는 지경이 된 것을 말하는 것이다. 그러므로 이 이후 50년은 그냥 연명한 것일 뿐이다.

이상론자 맹자가 만난 위 혜왕

원문번역

2 추(鄒)나라 사람 맹가(孟軻, 맹자)가 위(魏)의 혜왕(惠王)을 뵈었는데, 왕이 말하였다.

"영감님께서 천리를 멀다 하지 아니하시고 오셨으니, 또한 우리나라를 이롭게 할 것이 있겠지요?"

맹자(孟子)가 말하였다.

"군주께서는 왜 반드시 이로움[利]를 말하는지요? 인의(仁義)일 뿐입니다. 군주는 어떻게 하여 우리나라를 이롭게 할까를 이야기하고, 대부(大夫)는 어떻게 하여 우리 집안을 이롭게 할까를 이야기하며, 사·서인(士庶人)은 어떻게 하여 내 몸을 이롭게 할까를 이야기하니, 윗사람과 아랫사람이 서로 이로움을 손에 넣으려 하면 나라는 위태롭습니다. 인(仁: 어짊)을 갖고 있으면서도 그 부모를 버리는 사람은 아직 없었고, 의(義)로움을 갖고 있으면서 그 군주를 뒤로 생각하는 사람은 아직 없습니다."

왕이 말하였다.

"훌륭합니다."

원문

2 鄒人孟軻見魏惠王 王曰 叟 不遠千里而來 亦有以利吾國乎? 孟子曰
君何必曰利 仁義而已矣! 君曰 何以利吾國 大夫曰 何以利吾家 士
庶人曰 何以利吾身 上下交征利而國危矣 未有仁而遺其親者也 未
有義而後其君者也 王曰 善

【강목|절요】*

평설

이 이야기는 《맹자》의 첫머리에 올라와 있는 사건이다. 이때
에 위의 혜왕은 여러 가지로 어려운 입장에 놓여 있었다. 방연
을 앞세운 조와 한에 대한 공격은 제의 손빈의 관여로 대패하였
고, 주변 나라로부터 계속하여 압박을 받고 있었다.

또 위는 이미 도읍으로 사용하던 안읍을 버리고 대량으로 새
롭게 도읍을 옮길 정도로 몰려 있었다. 이러한 상황이었기 때

---

*【강목】(강) 孟軻至魏 (목) 孟子鄒人名軻 受業於孔子之孫子思 是歲 魏惠王卑詞
厚禮 以招賢者 於是 孟子之梁 見魏惠王 王曰 叟 不遠千里而來 亦有以利吾國乎?
孟子曰 君何必曰利 仁義而已矣! 君曰 何以利吾國 大夫曰 何以利吾家 士庶人曰
何以利吾身 上下交征利而國危矣 未有仁而遺其親者也 未有義而後其君者也 惠王
以爲迂遠而闊於事情 不能用【절요】鄒人孟軻見魏惠王 王曰 叟 不遠千里而來 亦
有以利吾國乎? 孟子曰 君何必曰利 仁義而已矣!

문에 위 혜왕은 이 위기를 벗어나고 싶었을 것이다. 그리하여 맹자에게 급한 대로 '어떻게 해야 위나라가 이로울 것인가?'를 물었다.

보통 이 시기에 종횡가들에게 물었다면 당연히 여러 계책을 냈겠지만 유가인 맹자는 정치를 철학적으로 접근하였다. 맹자의 이 말속에서 선진(先秦) 유가의 덕성적(德性的) 색채가 농후하게 보인다. 이러한 유학은 진·한대(秦漢代)에 오면 권위적(權威的) 색채가 농후한 유학으로 바뀌는데 이 점을 구별해 볼 수 있어야 할 것이다.

물론 위 혜왕은 맹자의 말을 듣고 '좋습니다'라고 대답했지만, 맹자의 이러한 접근법은 채용되기가 어려웠다. 맹자의 인의론은 현실적으로는 위 혜왕에게는 이상론이었던 셈이기 때문이었다.

유가 입장의 사마광

원문번역

애초에, 맹자는 자사(子思)를 스승으로 하였는데, 일찍이 '목민 (牧民)의 도(道)' 가운데 어느 것이 우선이냐고 물었다. 자사가 말하였다.

"먼저 그를 이롭게 하라."

맹자가 말하였다.

"군자(君子)가 백성들을 가르치는 까닭은 역시 인의(仁義)일 뿐인데, 왜 반드시 이로움이어야 합니까?"

자사가 말하였다.

"인의는 사람들을 이롭게 하기 위함이다. 위에서 어질지 않으면 아래에서는 그들이 있어야 할 곳을 얻지 못하고, 위에서 의롭지 아니하면 아래에서는 즐겨 속이는데, 이것이 이롭지 않은 것이 크다. 그러므로 《주역(周易)》에서 말하기를 '이(利)란 의로움이 고르게 된 것이다.'라고 하였고, 또한 말하기를 '이롭게 쓰고 몸을 편안히 하여서 덕을 높인다.'고 하였으니 이것은 모두 이로움의 큰 것이다."

신 사마광이 말씀드립니다.

자사와 맹자의 말은 같은 한 가지입니다. 무릇 오직 어진 사람은 인의가 이롭게 한다는 것을 알 뿐이며, 어질지 못한 사람은 이것을 모르는 것입니다. 그러므로 맹자가 양왕(梁王)에게 곧바로 인의를 가지고 말하고 이로움까지는 거론하지 않은 것은 더불어 말하는 사람이 다르기 때문입니다.

원문

初 孟子師子思 嘗問牧民之道何先 子思曰 先利之 孟子曰 君子所以 敎民者 亦仁義而已矣 何必利! 子思曰 仁義固所以利之也 上不仁則 下不得其所 上不義則下樂爲詐也 此爲不利大矣 故易曰 利者義之 和也 又曰 利用安身 以崇德也 此皆利之大者也

臣光曰 子思·孟子之言 一也 夫唯仁者爲知仁義之爲利 不仁者不知 也 故孟子對梁王直以仁義而不及利者 所與言之人異故也

【강목|절요】*

---

*【강목】내용없음【절요】初 孟子師子思 嘗問牧民之道何先 子思曰 先利之 孟子曰 君子所以敎民者 亦仁義而已矣 何必利! 子思曰 仁義固所以利之也 上不仁則下不得其所 上不義則下樂爲詐也 此爲不利大矣 故易曰 利者義之和也 又曰 利用安身 以崇德也 此皆利之大者也 溫公曰 子思·孟子之言 一也 夫唯仁者爲知仁義之爲利 不仁者不知也 故孟子對梁王直以仁義而不及利者 所與言之人異故也

평설

맹자가 위 혜왕을 만나서 벌인 대화에 뒤이어 사마광은 춘추 시대에 맹자의 스승인 자사(子思)의 말을 인용하여 쓰고 있다. 그러나 스승인 자사가 '먼저 이롭게 하라'라고 한데 대하여 맹자가 '인의'를 내세운 것을 아는 독자의 오해를 풀기 위하여 다시 《주역》까지 동원하여 설명하고 있다.

그런 다음에 사마광은 직접 자기의 의견을 말하는 '신광왈'이라는 난을 통하여 사실 맹자와 자사가 말한 내용은 같다고 밝히고 있다. 표현이 다른 것은 말하는 상대가 다르기 때문에 알아들을 수 있게 하기 위하여 각기 달리 표현했다는 것이다. 사실 같은 생각을 갖고 있다고 하여도 말을 듣는 상대의 수준에 따라 또는 상황에 따라서 달리 표현될 수는 있다.

그런데 사마광이 이를 구태여 말한 것은 사마광이 살던 시대가 유교의 부흥을 내세우던 시절이었고, 사마광 역시 그러한 사람이었으므로 공자 이후로 연결되는 도통(道統)에서 본다면 자사와 맹자가 다른 말을 하였다면 안 되는 것이기 때문에 이를 꼬집어서 설명하였다고 보인다.

중원지역의 제후, 칭왕하다

원문번역

현왕 34년(丙戌 기원전 335년)

1 진(秦)이 한(韓)을 쳐서 의양(宜陽, 지금의 하남성 의양현)을 뽑았다.

현왕 35년(丙戌 기원전 334년)

1 제왕(齊王)과 위왕(魏王)이 서주(徐州, 산동성 滕縣)에서 만나서 서로
왕으로 하자고 하였다.

원문

三十四年

1 秦伐韓 拔宜陽

三十五年

1 齊王·魏王會于徐州以相王

【강목 | 절요】 *

---

* 【강목】 (강) 三十四年 秦伐韓宜陽 三十五年 齊·魏會于徐州以相王 【절요】 내용

위(魏)·제(齊)의 칭왕 (기원전 334년)

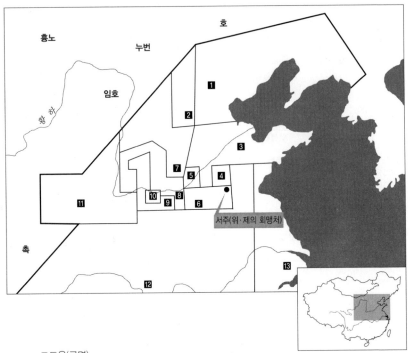

흉노

호

누번

임호

칭 하

1

2

3

7
5
4

11
10 8
9 6

서주(위·제의 회맹처)

촉

13

12

■도읍(국명)

①계성(燕) ②고성(中山) ③임치(齊) ④곡부(魯) ⑤복양(衛) ⑥수양(宋)

⑦한단(趙) ⑧대량(魏) ⑨신정(韓) ⑩낙양(周) ⑪함양(秦) ⑫영도(楚)

⑬고소(越)

평설

주 현왕 34년에는 진나라가 한을 쳤다. 아마도 한의 정치를 담당하던 신불해가 죽었던 때문일지도 모른다.

그다음 해인 주 현왕 34년에는 중요한 일이 벌어진다. 주의 질서가 현실적으로 다 무너진 모습이 나타났다. 원래 왕(王)을 칭하는 것은 주(周)나라 천자뿐이던 것이 주대(周代)의 천하 질서였다. 그래서 비록 주의 천자가 부강하지 못하다고 하여도 이 질서를 지키도록 되어 있었던 것이 주대의 개념이었다.

그러던 것이 중원지역과 뿌리가 다른 양자강 유역에 자리한 초(楚)에서 공(公)의 칭호 대신에 왕의 칭호를 사용하기 시작하였다. 이때가 초 무왕(楚武王, 기원전 740년~기원전 690년) 시기였으므로 춘추시대에 들어서면서 바로 칭왕했던 것이다.

그러나 중원지역에서는 제후국이 칭왕을 하지 않았었는데, 이 시기에 이르러서 제(齊)와 위(魏)가 만나 국제회의를 하면서 각기 서로를 왕으로 칭하자고 한 것이다. 그래서 제에서는 그때까지 제공(齊公)이었던 전인제(田因齊)가 공의 호칭 대신에 왕의 칭호를 사용한 것인데, 이 사람이 위왕(威王)이다.

또 위(魏)나라에서는 위앵(魏罃)이 그 아버지 위 무후(魏武侯)의 뒤를 잇고자 동생 위완(魏緩)과 싸웠고 그다음에 위후(魏侯)가 되었는데, 이때에 이르러서 칭왕을 한 것이며 이 사람이 혜왕(惠

없음

王)이다.

　그러나 이 역사 기록은 위 혜왕이 죽은 다음, 즉 위앵이 이미 칭왕으로 하고 난 다음에 쓴 것이므로 그가 아직 칭왕을 하기 이전의 기록도 위 혜왕으로 기록한 것일 뿐이다. 시호를 받은 후에는 시호를 받기 전에 한 일도 모두 시호를 사용하여 기록하는 것이 일반적이기 때문이다.

천시를 모른 한 소후, 굴의구의 예언

원문번역

2 한(韓)의 소후(昭侯, 6대)가 높은 문을 만들었다. 굴의구(屈宜臼)가
말하였다.

"군주께서는 반드시 이 문으로 밖으로 나가지 아니할 것입니
다. 왜냐고요? 때가 아닙니다. 내가 말하는 때라고 하는 것은
날짜를 말하는 것이 아닙니다. 무릇 사람에게는 정말로 유리
할 때와 불리할 때가 있습니다. 과거에 군주께서는 일찍이 유
리하였지만 높다란 문을 만들지 아니하였습니다. 지난해에
진(秦)이 의양을 뽑았고, 금년에는 가뭄이 들었는데, 군주는 이
때 백성들을 구휼하는 급한 일을 하지 않고 도리어 사치한 일
을 더한 것이니, 이러한 것을 '시굴거영(時詘擧贏)'이라고 하며
그러므로 때가 아니라고 말한 것입니다."

원문

2 韓昭侯作高門 屈宜臼曰 君必不出此門 何也? 不時 吾所謂時者 非

월(越)의 멸망과 11국 난립도 (기원전 334년)

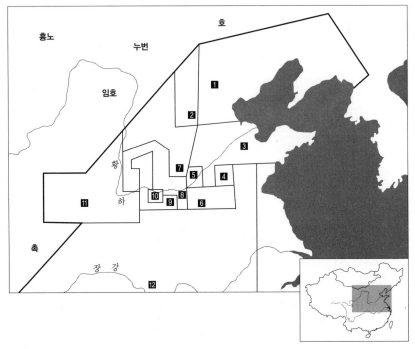

■도읍(국명)

①계성(燕)　②고성(中山)　③임치(齊)　④곡부(魯)　⑤복양(衛)　⑥수양(宋)

⑦한단(趙)　⑧대량(魏)　⑨신정(韓)　⑩낙양(周)　⑪함양(秦)　⑫영도(楚)

時日也 夫人固有利·不利時 往者君嘗利矣 不作高門 前年秦拔宜陽
今年旱 君不以此時恤民之急 而顧益奢 此所謂時詘擧贏者也 故曰
不時

【강목|절요】*

평설

한의 소후가 높은 문을 세웠는데, 이를 보고 굴의구가 한 소
후는 이 문을 나가지 못할 것이라고 예언한 내용이다. 굴의구
는 초나라 사람이었는데, 이때에 마침 한나라에 와 있었던 듯하
다. 왜 그렇게 예언하느냐고 묻자 굴의구는 높은 문을 만들 시
기가 아니라고 하면서 여러 이유를 들어 설명했다.

어떤 일을 하고자 할 때에는 여러 가지로 적당한 시기를 골
라야 한다. 그런데 당시 한 소후는 한나라를 지탱하게 했던 신
불해가 죽은 지 2년이 되었지만 그만한 사람을 찾지 못 했다.
그래서 나라를 지키는 책략을 제대로 세울 사람이 없었던 시기
였던 것 같다. 이는 바로 다음 해에 진(秦)은 한나라 땅을 공략
하였던 것으로 미루어 짐작할 수 있다.

또 한나라에 한재가 발생하여 백성들이 어렵게 살아야 하는
시기였다. 이러한 시기란 당연히 국가 재정을 절약하고, 국력
을 키우는데 전력을 다해야 할 시기라는 것을 알 수 있다. 그런

---

* 【강목】내용없음 【절요】내용없음

데 소후가 대대적인 건축공사를 벌인 것이니 적절한 시기를 잡지 못한 것이라고 본 것이다. 그러기 때문에 굴의구는 한 소후가 이 문을 나가지 못할 것이라고 예언한 것은 정확한 논평이며 예언이었다.

아니나 다를까? 다음 해에 한 소후가 벌인 큰 문은 완성되었으나, 이때에 한 소후는 죽었고, 그의 아들인 한 선후가 뒤를 잇는다. 굴의구의 예언이 맞은 셈이다. 이를 굴의구는 시굴거영(時詘擧贏)이라고 표현하였는데, 때는 쇠잔(衰殘)해 있는데 남은 것이 있는 것처럼 허영에 들떠 있는 형국을 뜻하는 말이다.

사람이 어떤 일을 할 때에 천시(天時), 지리(地利), 인화(人和)를 본다고 되어 있는데, 한 소후는 천시를 보지 못한 것이다. 하늘이 구체적으로 할 때인지 아닌지를 말하여 주지는 않는다. 그러나 앞뒤를 따져 보면 웬만하면 알 수 있다. 그래서 어떤 일을 도모할 때에는 항상 천시를 살필 필요가 있다. 한의 소후처럼 때를 모르고 일을 벌이는 것은 어리석은 짓이 틀림없다.

월의 멸망

원문번역

3 월왕(越王) 무강(無彊)이 제(齊)를 쳤다. 제왕(齊王)은 사람을 시켜서 월왕에게 유세하여, 제를 치는 것이 초(楚)나라를 치는 이로움만 못하다고 하였다. 월왕이 드디어 초를 쳤다.

초인(楚人)들이 이들을 대패시키고 승리하는 기세를 타고 오(吳)의 옛 땅을 다 빼앗아서 동쪽으로 절강(浙江)에 이르렀다. 월(越)은 이 일로 인하여 흩어졌고, 여러 공족(公族)들이 다투어서서 혹은 왕이 되고 혹은 군(君)이 되어 해변에 살면서 초에 조복(朝服)하였다.

현왕 36년(戊子, 기원전 333년)

1 초왕이 제(齊)를 쳐서 서주(徐州, 산동성의 滕縣)를 포위하였다.

2 한(韓)나라의 높은 문이 완성되었다. 소후(昭侯, 6대)는 죽었으며, 아들 선혜왕(宣惠王)이 섰다.

원문

3 越王無彊伐齊 齊王使人說之 以伐齊不如伐楚之利 越王遂伐楚 楚
　人大敗之 乘勝盡取吳故地 東至于浙江 越以此散 諸公族爭立 或爲
　王 或爲君 濱于海上 朝服于楚

　三十六年

1 楚王伐齊 圍徐州

2 韓高門成 昭侯薨 子宣惠王立

【강목|절요】*

평설

　　월나라는 절강지역을 근거로 한 나라였다. 그러나 춘추시대
에는 한때 월왕 구천은 오(吳)와의 다툼 끝에 오를 멸망시키고
패권을 장악하기도 했었다. 이러한 월나라는 구천의 6세손인
무강 시기에 와서 멸망하고 만다.

　　사건의 발단은 무강이 북쪽으로 제(齊)를 치자 제에서 사람을
보내어서 제를 치는 것보다 초(楚)를 치는 것이 월나라에 유리하
다고 설득을 했고, 그리하여 월이 초를 치다가 대패하는 것에서

---

* 【강목】(강) 楚滅越 (목) 越王無彊伐齊 齊說之使伐楚 越王遂伐楚 楚人大敗之 盡
取吳故地 東至于浙江 越以此散 諸公族爭立 或爲王 或爲君 濱于海上 而朝服于楚
三十六年 (강) 楚伐齊 圍徐州 韓侯卒 (목) 【《통감》의 35년 사건을 36년에 실음】韓昭
侯作高門 屈宜臼曰 君必不出此門 何也? 不時 吾所謂時者 非時日也 夫人固有利·
不利時 往者君嘗利矣 不作高門 前年秦拔宜陽 今年旱 君不以此時恤民之急而顧益
奢 此所謂時詘擧贏者也 故曰 不時 至是成門而昭侯薨 【절요】戊子 三十六年

시작한다. 그리고 초는 예전에 월이 빼앗았던 오지역을 다 빼앗음으로써 동해로 진출할 수 있는 기회를 마련한다.

물론 월나라가 당장 망한 것은 아니지만 초나라에 가서 조복(朝服)하는 신세가 된 것이다. 또한 월나라를 구성하고 있던 많은 귀족들도 뿔뿔이 헤어지는 운명에 처해졌다. 그 귀족의 일부는 지금의 복건성으로 내려가서 다시 월을 세우는데 이를 보통 민월(閩越)이라고 한다.

무강의 한 번 잘못된 판단은 그렇게 오래도록 유지해 왔으며 한때에는 장강 이남에서 패권을 쥔 적이 있던 월의 운명을 그르친 것이다. 긴 역사가 중요한 것이 아니라 당장 일을 맡은 사람이 중요함을 일깨우는 사건이다. 이러할 진대 월나라의 무강이 원의 역사를 아무리 자랑한다 하여도 오히려 조롱거리가 되지 않을까? 그러니 후손이 똑똑해야 잘 되는 집안이고 선조가 똑똑했던 것은 그분들의 자랑일 뿐 후손들이 말끝마다 자랑할 일은 아니다.

그 외에도 이 해에 월로 하여금 초를 치게 했던 제는 다시 초의 공격을 받았고, 앞서 말한 한 소후가 만들기 시작했던 큰 문이 완성되기는 했다. 그러나 소후는 죽어서 이 문 밖으로 나와 보지도 못하였다.

합종책으로 6국의 재상이 된 소진

원문번역

3 처음에, 낙양(洛陽) 사람 소진(蘇秦)이 진왕(秦, 惠文王, 26대)을 만나서 천하를 아울러 가질 수 있는 술책을 가지고 유세하였는데 진왕이 그의 말을 채용하지 아니하였다.

소진은 마침내 진을 떠나서 연 문공(燕文公)에게 유세하였다.

"연(燕)나라가 갑옷 입은 병사들에게 노략질을 당하지 않는 까닭은 조(趙)가 그 남쪽을 가려주고 있기 때문입니다. 또 진이 연을 공격하게 되면 싸움은 천리 밖에서 이루어질 것이고, 조가 연을 공격하게 되면 백리 안에서 싸우게 될 것입니다. 무릇 백리 안에서의 근심을 걱정하지 않고 천리 밖의 것을 중히 여기고 있으니, 계책으로 본다면 이보다 더 지나친 것은 없습니다. 바라건대 대왕께서는 조와 종친(從親)하면 천하가 하나가 된다 하여도 연에는 반드시 아무런 걱정이 없을 것입니다."

원문

3 初 洛陽人蘇秦說秦王 以兼天下之術 秦王不用其言 蘇秦乃去 說燕
文公曰 燕之所以不犯寇被甲兵者 以趙之爲蔽其南也 且秦之攻燕也
戰於千里之外 趙之攻燕也 戰於百里之內 夫不憂百里之患而重千里
之外 計無過於此者 願大王與趙從親 天下爲一 則燕國必無患矣

【강목│절요】*

평설

종횡가인 소진이 진(秦)나라에 들어가서 채용되지 않자 오히
려 6국을 세로로 연합하게 하여 진(秦)에 대항하도록 하기 위하
여 먼저 연(燕)에 간 것이다.

소진은 연 문공에게 멀리 있는 진(秦)과 가까이할 것이 아니
라 조나라와 가까이해야 연나라가 걱정이 없게 될 것이라는 근
교원공(近交遠攻) 방법을 제시한다.

***

---

* 【강목】(강) 秦大敗魏師 禽其將龍賈取雕陰 燕趙韓魏齊楚從合以擯秦 以蘇秦爲
從約長 幷相六國 (목) 初 洛陽人蘇秦說秦王 以兼天下之術 秦王不用其言 蘇秦乃
去 說燕文公曰 燕之所以不犯寇被甲兵者 以趙之爲蔽其南也 且秦之攻燕也 戰於千
里之外 趙之攻燕也 戰於百里之內 夫不憂百里之患而重千里之外 計無過於此者 願
大王與趙從親 天下爲一 則燕國必無患矣 【절요】初 洛陽人蘇秦說秦王 以兼天下
之術 秦王不用其言 蘇秦乃去 說燕文公曰 燕之所以不犯寇被甲兵者 以趙爲之蔽其
也 願大王與趙從親 天下爲一 則燕國必無患矣

소진의 활동도 (기원전 333년)

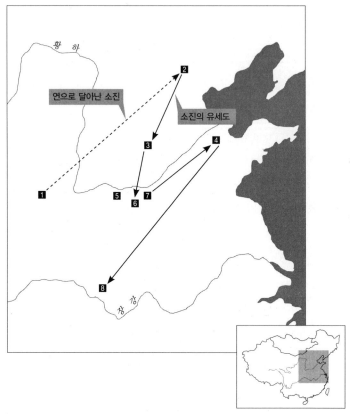

황 하

연으로 달아난 소진

소진의 유세도

장 강

■도읍(국명)

①계성(燕)　②함양(秦)　③한단(趙)　④임치(齊)　⑤낙양(周)

⑥신정(韓)　⑦대량(魏)　⑧영도(楚)

원문번역

문공은 이 말을 좇고 소진에게 수레와 말을 주었더니, 조 숙후(趙肅侯; 조의 5대 군주)에게 유세하였다.

"오늘의 시절에는 산[崤山]의 동쪽에서 나라를 세운 것 가운데 조보다 강한 것은 없으니, 진(秦)이 해치고자 하는 것은 또 조만한 것은 없습니다. 그러나 진이 감히 군사를 들어서 조를 치지 못하는 것은 한과 위가 그 배후에 관하여 논의할 것을 두려워하는 것입니다.

진이 한·위를 공격한다면 이름난 산이나 큰 강으로 한계를 짓지 않아서 조금씩 잠식하다가 끝내는 나라의 도읍에 이르러서야 그칠 것입니다. 한·위가 진을 지탱하지 못하면 반드시 진의 신하로 들어가게 될 것인데, 진은 한·위의 규제가 없어지고 나면 화(禍)는 조에 떨어질 것입니다.

신(臣)이 천하의 지도를 가지고 생각해보니 제후들의 땅은 진의 5배이고, 제후들의 군졸을 헤아려보니 진의 10배입니다. 여섯 나라가 하나가 되어 힘을 합쳐서 서쪽으로 향하여 진을 공격한다면 진은 반드시 격파될 것입니다.

무릇 연형책(連衡策)을 주장하는 사람은 모두 제후들의 땅을 베어내서 진에 주려는 것인데, 진이 성공하게 되면 그 자체가 부유하고 영광스럽지만 다른 나라들은 진의 걱정거리를 받지만 그 근심을 더불어 하지 않을 것이니, 이로써 연형책을 주장하는 사람은 밤낮으로 진의 권위를 가지고 제후들을 공갈

하면서 땅을 나누어주라고 요구합니다.

그러므로 바라건대 대왕께서는 이를 깊이 살펴십시오. 가만히 생각해보건대, 대왕을 위하여 계책을 세운다면 한(韓)·위(魏)·제(齊)·초(楚)·연(燕)·조(趙)를 하나로 하여 종친(從親)하여 진을 반대하는 것만 못하니, 천하의 장군과 재상들로 하여금 원수(洹水)에서 모임을 갖고 인질을 교환하고 맹약을 맺게 하는데, 그 맹약에는 '진이 어느 한 나라를 공격하면 다섯 나라가 각기 정예의 군대를 내어서 혹은 진을 약하게 하거나 혹은 이를 구원한다. 맹약과 같이 하지 않는 나라가 있다면 다섯 나라가 함께 이를 친다.'라고 하여, 제후들이 종친(從親)하여 진을 물리치면 진의 갑병은 감히 함곡관(函谷關, 하남성 靈寶縣)을 나와서 산[崤山]의 동쪽을 해치지 아니할 것입니다."

숙후[趙肅侯]가 크게 기뻐하여 소진을 후대하고 그를 높이 받들어 총애하고 노자를 내려주어서 제후들과 맹약을 맺게 하였다.

원문

文公從之 資蘇秦車馬 以說趙肅侯曰 當今之時 山東之建國莫強於趙 秦之所害亦莫如趙 然而秦不敢舉兵伐趙者 畏韓魏之議其後也 秦之攻韓魏也 無有名山大川之限 稍蠶食之 傅國都而止 韓魏不能支秦 必入臣於秦 秦無韓魏之規則禍中於趙矣 臣以天下地圖案之 諸侯之地五倍於秦 料度諸侯之卒十倍於秦 六國爲一 幷力西鄕而攻

秦 秦必破矣 夫衡人者皆欲割諸侯之地以與秦 秦成則其身富榮 國
被秦患而不與其憂 是以衡人日夜務以秦權恐喝諸侯 以求割地 故願
大王熟計之也 竊爲大王計 莫如一韓魏齊楚燕趙爲從親以畔秦 今天
下之將相會於洹水之上 通質結盟 約曰 秦攻一國 五國各出銳師 或
撓秦 或救之 有不如約者 五國共伐之! 諸侯從親以擯秦 秦甲必不敢
出於函谷以害山東矣

【강목|절요】 *

평설

소진의 유세를 받고 그에 동의한 연의 문공은 적극적으로 소
진이 활동할 수 있도록 지원하였다. 그러자 소진은 이번에는 조
나라에 가서 합종하는 것이 조나라에 유리하다고 설득하였다.

---

* 【강목】 (목) 文公從之 資蘇秦車馬 以說趙肅侯曰 當今之時 山東之建國 莫强於趙
秦之所害亦莫如趙 而秦不敢舉兵伐趙者 畏韓魏之議其後也 秦之攻韓魏 無有名山
大川之限 稍蠶食之 傳國都而止韓魏不能支秦 必入臣於秦 秦無韓魏之規 則禍中於
趙矣 臣以天下地圖案之 諸侯之地五倍於秦 度諸侯之卒十倍於秦 衡人日夜務以秦
權恐喝諸侯 使之割地以事秦 秦成則其身富榮 國被秦患 而不與其憂 故臣竊爲大王
計 莫如一韓魏齊楚燕趙爲從親以擯秦 今其將相會於洹水之上 約曰 秦攻一國 五國
各出銳師 以撓秦 或救之 有不如約者 五國共伐之! 則秦甲必不敢出於函谷以害山
東矣 肅侯大說 厚賜賚之 以約於諸侯【절요】文公從之 資蘇秦車馬 以說趙肅侯曰
當今 山東之國 莫强於趙 秦之所害亦莫如趙 然而秦不敢伐趙者 畏韓魏之議其後也
秦之攻韓魏也 無有名山大川之限 稍蠶食之 韓魏不能支 必入臣於秦 秦無韓魏之規
則禍中於趙矣 夫衡人者皆欲割諸侯之地以與秦 秦成則其身富榮 國被秦患而不與
其憂 竊爲大王計 莫如一韓魏齊楚燕趙爲從親以擯秦 今天下之將相會於洹水之上
約曰 秦攻一國 五國各出銳師 或撓秦 或救之 有不如約者 五國共伐之! 則秦甲必不
敢出於函谷以害山東矣 肅侯大說 厚待蘇秦尊寵賜賚之 以約於諸侯

6국이 합종하게 되면 진나라가 다시는 동쪽으로 나오지 못할 것이라고 유세한 내용이다.

*＊＊

원문번역

마침 진은 서수(犀首)를 시켜서 위를 치게 하니, 그 군사 4만여 명을 대패시키고, 장수 용가(龍賈)를 포로로 잡고 조음(雕陰, 섬서성 鄜縣)을 빼앗고서 또 동쪽으로 진격하고자 하였다. 소진은 진의 군대가 조에 이르러서 종약(從約)을 파괴할까 걱정하고, 진에서 사용될 수 없게 하려고 생각하여 마침내 장의(張儀)에게 화를 나게 하여 진으로 들어가게 하였다.

장의라는 사람은 위인(魏人)으로 소진과 함께 귀곡(鬼谷) 선생을 섬기면서 종횡(縱橫)의 술책을 배웠는데, 소진은 스스로 따라잡지 못한다고 생각하였다.

장의가 제후들과 교유하면서 대우받는 바가 없었는데, 초에서 곤욕을 치르자 소진이 고의로 그를 불러서 모욕하였다. 장의는 화가 나서 제후들 가운데 오직 진만이 조를 고통에 넣을 수 있을 것이라고 생각하고 드디어 진으로 들어갔다. 소진은 몰래 그의 사인(舍人)을 파견하여 금폐(金幣)를 싸가지고 가서 장의에게 보태주니 장의는 진왕을 만날 수 있었다.

진왕은 이를 기뻐하여 객경(客卿)으로 생각했다.

사인이 인사하고 떠나며 말하였다.

"소군(蘇君=蘇秦을 높인 말)은 진이 조를 쳐서 합종의 맹약이 무너질까 걱정하고, 그대가 아니면 진의 칼자루를 쥘 사람이 없다고 여겼으니 그러므로 그대를 화나게 하였고, 신(臣)으로 하여금 몰래 그대에게 물자를 받들어주게 하였는데, 모두 소군의 계략이며 꾀입니다."

장의가 말하였다.

"아! 이는 내가 술수에 말려들었는데도 이를 깨닫지 못했다는 말이니, 내가 소군의 밝음에 미치지 못하였구나. 나를 위하여 소군에게 감사하다는 말을 전해주고, 소군의 시대이니 나 장의가 어찌 감히 말을 하겠는가?"

원문

會秦使犀首伐魏 大敗其師四萬餘人 禽將龍賈 取雕陰 且欲東兵 蘇秦恐秦兵至趙而敗從約 念莫可使用於秦者 乃激怒張儀 入之於秦

張儀者 魏人 與蘇秦俱事鬼谷先生 學縱橫之術 蘇秦自以爲不及也 儀游諸侯無所遇 困於楚 蘇秦故召而辱之 儀恐 念諸侯獨秦能苦趙 遂入秦 蘇秦陰遣其舍人齎金幣資儀 儀得見秦王 秦王悅之 以爲客卿

舍人辭去曰 蘇君憂秦伐趙 敗從約 以爲非君莫能得秦柄 故激怒君 使臣陰奉給君資 盡蘇君之計謀也

張儀曰 嗟乎 此吾在術中而不悟 吾不及蘇君明矣 爲吾謝蘇君 蘇君之時 儀何敢言!

평설

소진이 연과 조를 설득하여 합종하도록 이끌어 가고 있는 상황에서 진은 위(魏)를 공격하여 크게 이기고 동쪽으로 더 진출하려고 하였다.

소진은 이렇게 되면 진의 공격을 무마하기 위해 산동지역에 있는 나라들이 진과 화의하게 되고, 그렇게 되면 합종하려는 계책이 깨져버릴 수 있다고 생각하였다. 그리하여 소진은 같은 종횡가인 장의를 화나게 하여 진(秦)으로 들여보내고, 장의로 하여금 자신의 합종책을 방해하지 않게 하는 계책을 썼다.

***

원문번역

이에 소진이 한의 선혜왕(宣惠王)에게 유세하였다.

"한의 땅은 사방으로 900여 리이고 갑옷을 두른 군사도 수십만이며, 천하의 강궁(强弓)과 경노(勁弩), 그리고 예리한 칼들은 모두 한에서 산출됩니다. 한의 졸병은 달리면서 활을 쏘는데 백발을 쏘는데 그칠 겨를이 없습니다. 한의 졸병들의 용감함에다 굳은 갑옷을 입고 경노(勁弩)를 밟고 날카로운 칼을 갖고

있으니, 한 사람이 백 명을 대적한다는 것도 충분히 다 말한 것은 아닙니다.

대왕께서 진을 섬기면 진은 반드시 의양(宜陽, 하남성 의양현)과 성고(成皐, 하남성 榮陽汜水)를 요구할 것이고, 지금은 이것으로 효과를 보겠지만 내년에도 또 땅을 베어내라고 요구할 것입니다. 주다 보면 줄 땅이 없게 되고 주지 않으면 앞서 공들인 것을 버리는 것이어서 뒤에 닥칠 화(禍)를 입게 됩니다.

또 대왕의 땅은 없어지는 일이 있지만, 진의 요구는 그침이 없을 것이니 다함이 있는 땅을 갖고서 끝없는 요구를 맞아하는 것이고, 이것이 이른바 '원망(怨望)을 바꾸어서 화를 맺는다 [市怨結禍]'이고, 싸우지 않으면 땅은 벌써 잘려나갈 것입니다. 속담(俗談)에 이르기를 '차라리 닭의 머리가 될지언정 소의 꼬리가 되지 마라.'고 하였는데, 무릇 대왕의 현명하심과 강한 한의 군대를 갖고서도 소의 꼬리라는 이름을 갖게 된다면 신은 대왕을 위하여 이것이 수치스럽습니다."

한왕[宣惠王]이 그의 말을 좇았다.

원문

於是 蘇秦說韓宣惠王曰 韓地方九百餘里 帶甲數十萬 天下之强弓
勁弩 利劍 皆從韓出 韓卒超足而射 百發不暇止 以韓卒之勇 被堅甲
蹠勁弩 帶利劍一人當百 不足言也 大王事秦 秦必求宜陽成皐 今玆
效之 明年復求割地 與則無地以給之 不與則棄前功 受後禍 且大王

之地有盡而秦求無己 以有盡之地逆無己之求 此所謂市怨結禍者也
不戰而地已削矣 鄙諺曰 寧爲鷄口 無爲牛後 夫以大王之賢 挾强韓
之兵 而有牛後之名 臣竊爲大王羞之!

韓王從其言

【강목|절요】*

평설

　조에서 허락을 받은 소진은 한으로 들어와서 다시 한나라 선
혜왕에게 유세한다. 마찬가지로 한나라도 합종하는 것이 유리
하다고 설득하였고, 한나라 선혜왕도 이 말을 좇았다.

***

원문번역

　소진이 위왕[魏惠王]에게 유세하였다.

　"대왕의 땅은 사방으로 천리인데, 땅이 명목상으로는 비록 작

---

* 【강목】(목) 秦乃說韓宣惠王曰 韓地方九百餘里 帶甲數十萬 天下之强弓 勁弩 利
劒 皆從韓出 以韓卒之勇 被堅甲 躡勁弩 帶利劒一人當百 不足言也 大王事秦 秦必
求宜陽成皐 今玆效之 明年又復求割地 與則無地以給之 不與則棄前功 受後禍 且
韓地有盡而秦求無己 以有盡之地逆無己之求 此所謂市怨結禍者也 不戰而地已削
矣 鄙諺曰 寧爲鷄口 無爲牛後 夫以大王之賢 挾强韓之兵 而有牛後之名 臣竊爲大
王羞之! 韓王從其言 【절요】於是 蘇秦說韓王曰 韓地方九百餘里 帶甲數十萬 天
下之强弓 勁弩 利劒 皆從韓出 今大王事秦 秦必求宜陽成皐 今玆效之 明年復求割
地 地有盡而秦求無己 鄙諺曰 寧爲鷄口 無爲牛後 以大王之賢 挾强韓之兵 而有牛
後之名 臣竊爲大王羞之! 韓王從其言

지만 그러나 전사여무(田舍廬廡)가 빽빽함은 일찍이 꼴을 먹일 곳이 없습니다. 인민은 많고, 수레와 말이 많아서 밤낮으로 다니는 사람이 끊이지 않으며 횡횡(輷輷)하는 소리가 많이 들려서 마치 삼군(三軍)이 다니는 것 같습니다. 신이 가만히 대왕의 나라를 헤아려보니 초의 밑에 들지 않을 것입니다.

이제 가만히 듣건대 대왕의 졸병은 무사가 20만 명이고 창두(蒼頭, 노예군)가 20만 명이며 분격(奮擊)이 20만 명이고 사도(廝徒)가 10만 명이고, 전차가 600승(乘)이고 기마(騎馬)가 5천 필인데 마침내 여러 신하들의 말을 들으니, 진을 신하로 섬긴다고 합니다. 그러므로 폐읍(敝邑)의 조왕이 신을 시켜서 어리석은 계책이 효과를 보게 밝은 맹약을 받들고자 하니, 대왕의 조서에 이를 써 넣으십시오."

위왕이 이를 들어주었다.

원문

蘇秦說魏王曰 大王之地方千里 地名雖小 然而田舍廬廡之數 曾無所芻牧 人民之衆 車馬之多日夜行不絶 輷輷殷殷 若有三軍之衆 臣竊量大王之國不下楚 今竊聞大王之卒 武士二十萬 蒼頭二十萬 奮擊二十萬 廝徒十萬 車六百乘 騎五千匹 乃聽於羣臣之說 而欲臣事秦! 故敝邑趙王使臣效愚計 奉明約 在大王之詔詔之

魏王聽之

【강목|절요】*

평설

연·조·한으로부터 합종하겠다는 약속을 받은 소진은 이번에는 위나라로 들어간다. 그리고 위나라에게 유리한 정책이란 바로 여섯 나라들이 연합하는 합종책이라고 설득한다. 그 결과 위나라 왕으로부터 허락을 받는다.

***

원문번역

소진이 제왕(齊王)에게 유세하였다.

"제는 사방으로 요새가 있는 나라이고, 땅은 사방으로 2천여 리나 되고 갑옷을 입은 군사도 수십만이며 곡식도 언덕이나 산처럼 쌓여 있습니다. 삼군(三軍)의 훌륭함과 오가(五家)의 병사는 진격하면 화살처럼 빠르며 전투하면 우레와 같고, 흩어질 때는 바람이나 비와 같은데, 설혹 전쟁이 있다 하여도 태산(泰山, 산동성 泰山郡 博縣)을 등지거나 청하(淸河, 齊의 북쪽 경계 지역을 흐름)를 끊거나 발해를 건너는 일은 아직 없었습니다.

임치(臨淄, 제의 도읍; 산동성 淄博市)에 있는 7만 호(戶)는 신이 가만히 헤아려보니 호당(戶當) 남자가 세 명 이하로 내려가지는 않

---

* 【강목】(목) 蘇秦說魏惠王曰 大王之地方千里 地名雖小 人民之衆 武士 蒼頭 奮擊各二十萬 厮徒十萬 車六百乘 騎五千匹 乃聽於羣臣之說 而欲臣事秦! 臣願大王熟計之也 魏王聽之 【절요】蘇秦說魏王曰 大王之地方千里 武士二十萬 蒼頭二十萬 奮擊二十萬 厮徒十萬 車六百乘 騎五千匹 乃聽於羣臣之說 而欲臣事秦! 願大王熟察之 魏王聽之

으니, 먼 곳의 현(縣)에서 징발하는 것을 기다리지 않고서도 임치에 있는 병졸이 21만 명입니다. 임치는 아주 부유하고 알차서 그 백성들은 닭싸움[鬪鷄]·개 달리기[走狗]·육박놀이[六博]·공치기 놀이[蹴鞠]를 하지 않는 사람이 없습니다. 임치의 길에는 수레바퀴가 부딪치며, 사람들의 어깨가 부딪치고, 옷자락이 이어져서 마치 휘장을 이루고, 흘리는 땀을 뿌리는 것이 마치 비같이 됩니다.

대개 한·위가 진을 아주 두려워하는 까닭은 진과 접경하고 있는 땅 때문입니다. 군사가 출동하여 서로 맞게 되면 열흘이 안 가서 싸우게 되고 이기고 지며 살아남고 망하는 것이 결정납니다. 한·위가 싸워서 진을 이긴다고 하여도 병졸의 반은 꺾이게 될 것이고 사방의 경계는 지켜지지 않으며 싸워서 이기지 못하면 나라는 이미 위태하여져서 망하는 일이 그 뒤를 따를 것이니, 이러한 연고로 한·위는 진과 싸우는 것을 무겁게 생각하고 신하 노릇을 하는 것을 가볍게 생각합니다.

이제 진이 제를 공격하면 그렇지 않으니, 한·위의 땅을 등 뒤로 하고, 위(衛)의 양진(陽晋, 산동성 鄆城縣 경계 지역)으로 가는 길을 지나서, 항보(亢父, 산동성 濟寧縣 경계 지역)의 험한 길을 거치게 되어 수레는 제대로 된 궤적을 얻을 수가 없고, 말을 탄다고 하여도 즐비하게 갈 수가 없으며, 백 명이 이 험요한 곳을 지킨다면 천 명이라도 감히 넘을 수 없습니다.

진이 비록 깊이 들어오고 싶으나 낭고(狼顧)하여 한·위가 그들의 후방을 논의하는 것을 두려워 하니, 이러한 연고로 두렵게 하고 의심하게 하며 헛되이 공갈만 하고, 교만하게 자랑하면 서도 감히 앞으로 진격해 나오지 못하니, 진이 제를 해칠 수 없는 것은 분명합니다.

무릇 진이 제를 어떻게 할 수 없음을 깊이 생각하지 않고 서쪽을 향하여 이를 섬기려고 하니 이는 여러 신하들의 계책의 허물입니다. 이제 진을 신하로 섬긴다는 말을 없애시고 강국으로서의 실제를 갖는데, 신은 이러한 연고로 바라건대 대왕께서 조금 유의하시어 이를 헤아리십시오."

제왕이 이를 허락하였다.

원문

蘇秦說齊王曰 齊四塞之國 地方二千餘里 帶甲數十萬 粟如丘山 三軍之良 五家之兵 進如鋒矢 戰如雷霆 解如風雨 即有軍役 未嘗倍泰山 絶清河 涉渤海者也 臨淄之中七萬戶 臣竊度之 不下戶三男子 不待發於遠縣 而臨淄之卒固已二十一萬矣 臨淄甚富而實 其民無不鬪雞走狗六博闒鞠 臨淄之塗 車轂擊 人肩摩 連袵成帷 揮汗成雨 夫韓魏之所以重畏秦者 爲與秦接境壤也 兵出而相當 不十日而戰 勝存亡之機決矣 韓魏戰而勝秦 則兵半折 四境不守 戰而不勝 則國已危亡隨其後 是故韓魏之所以重與秦戰而輕爲之臣也 今秦之攻齊則不然 倍韓魏之地 過衛陽晉之道 經乎亢父之險 車不得方軌 騎不得比行 百人守險 千人不敢過也 秦雖欲深入則狼顧 恐韓魏之議其後也

是故恫疑虛喝驕矜而不敢進 則秦之不能害齊亦明矣 夫不深料秦之
無奈齊何 而欲西面而事之 是羣臣之計過也 今無臣事秦之名而有强
國之實 臣是故願大王少留意計之!
齊王許之

【강목|절요】*

평설

소진은 중원의 동쪽에 자리 잡은 제나라에 가서 역시 합종을
하는 것이 제나라에 유리하다고 설득하였고, 제나라 왕 역시 이
를 허락하였다.

*＊＊

원문번역

이에 서남쪽으로 가서 초의 위왕(威王)에게 유세(遊說)하였다.

---

*【강목】(목) 蘇秦說齊王曰 齊四塞之國 地方二千餘里 帶甲數十萬 粟如丘山 即有
軍役 不待發於遠縣 而臨淄之卒 已二十一萬矣 夫韓魏之所以重畏秦者 爲與秦接境
也 兵出而相當 不十日而存亡之機決矣 幸而勝則兵半折 四境不守 不勝則國已危亡
隨其後 此韓魏所以重與秦戰而輕爲之臣也 秦之攻齊則不然 倍韓魏過陽晉 經乎亢
父之險 車不得方軌 騎不得比行 百人守險 千人不敢過也 秦欲深入則狼顧 恐韓魏
之議其後 是故恫疑虛喝驕矜而不敢進 則秦之不能害齊亦明矣 不深料此 而欲西面
而事之 是羣臣之計過也 願大王少留意計之! 齊王許之【절요】蘇秦說齊王曰 齊四
塞之國 地方二千餘里 帶甲數十萬 粟如丘山 臨淄之塗 車轂擊 人肩摩 連袵成帷 揮
汗成雨 夫韓魏之所以重畏秦者 爲與秦接境壤也 今秦之攻齊則不然 雖欲深入則恐
韓魏之議其後 秦之不能害齊亦明矣 夫不深料秦之無奈齊何 而欲西面而事之 是羣
臣之計過也 齊王許之

"초는 천하의 강국이어서 땅은 사방으로 6천 리이고 갑옷을 갖춘 병사가 100만이며 전차도 1천 승(乘)이고 말도 1만 필(匹)이며, 곡식은 10년을 지탱할 것이니, 이는 패왕(霸王)이 될 밑천입니다. 진이 해할 것은 초 만한 것이 없으니, 초가 강해지면 진이 약해지고, 진이 강해지면 초가 약해져서 이 세력은 양립하지 못합니다. 그러므로 대왕을 위하여 계책을 세운다면 종친(從親)하여 진을 고립시키는 것 만한 것이 없습니다.

신이 청컨대 산동(山東)에 있는 나라들에게 사계절로 헌물을 바치게 하고 대왕의 밝은 조칙을 따르게 하도록 하며 사직을 위탁하고 종묘를 받들며 군사를 훈련시키고 무기를 다듬어 대왕이 계신 곳에서 쓰이도록 하십시오. 그러므로 종친을 한다면 제후들이 땅을 베어서 초를 섬길 것이지만 가로로 합해진다면 초는 땅을 베어서 진을 섬기게 될 것이니, 이 두 가지의 성책은 서로의 차이가 많은데, 대왕께서는 어느 편에 계실 것입니까?"

초왕도 역시 이를 허락하였다.

원문

乃西南說楚威王曰 楚 天下之强國也 地方六千餘里 帶甲百萬 車千乘 騎萬匹 粟支十年 此霸王之資也 秦之所害莫如楚 楚强則秦弱 秦强則楚弱 其勢不兩立 故爲大王計 莫如從親以孤秦 臣請令山東之國奉四時之獻 以承大王之明詔 委社稷 奉宗廟 練士厲兵 在大王之

所用之 故從親則諸侯割地以事楚 衡合則楚割地以事秦 此兩策者相
去遠矣 大王何居焉?
楚王亦許之

【강목|절요】*

평설

소진은 마지막으로 남쪽에 있는 초나라로 가서 합종하는 것
이 초나라에 유리하다는 말로 설득하였고, 초나라 왕도 마찬가
지로 이를 받아들였다.

***

원문번역

이에 소진은 종약장(從約長)이 되었고, 6국의 상국(相國)을 아울
러 차지하게 되자, 북쪽으로 조에 보고하려고 가는데, 거기(車
騎)와 치중(輜重)이 왕의 행차를 본떴다.

원문

於是蘇秦爲從約長 幷相六國 北報趙 車騎輜重擬於王者

【강목|절요】 *

평설

진(秦)나라의 동진을 막기 위한다는 명분 아래에서 연에서 시작하여 조·한·위·제·초를 거치면서 그 왕들로부터 합의를 이끌어 낸 소진의 합종책은 당시의 가장 커다란 국제 협약이었다. 이 협약은 북에서부터 남으로 즉 세로로 협약이 이루어졌다고 하여 이를 '합종'이라고 한다.

이 합종을 이끌어 낸 사람이 소진이었기 때문에 소진은 혼자 몸으로 여섯 나라의 재상의 직위를 갖게 되니, 전에 없던 일이 벌어졌다. 그의 지위는 왕의 지위에 맞먹게 되었으며, 그가 가는 행렬 또한 왕의 행차를 모방하였다.

소진이 합종을 실제로 시작한 조나라에 보고하기 위하여 남쪽 초나라에서부터 북쪽에 있는 조나라로 갈 때 그러했다고 한다. 이러한 그의 성공은 많은 사람들에게 대단한 성공으로 회자된다. 그러나 두고 볼 일이다.

---

*【강목】於是蘇秦爲從約長 幷相六國 北報趙 車騎輜重擬於王者【절요】於是蘇秦爲從約長 幷相六國 北報趙 車騎輜重擬於王者

제로 돌아 온 전기

원문번역

4 제의 위왕(威王; 1대 田因濟)이 죽고, 아들 전벽강(田辟疆, 2대 선왕)이 섰고, 성후(成侯)가 전기(田忌)를 팔아버린 것을 알고 마침내 그를 불러서 회복시켰다.

5 연의 문공(文公)이 죽고, 아들 역왕(易王, 38대)이 섰다.

6 위(衛)의 성후(成侯; 43대 衛遫)가 죽고, 아들 평후(平侯, 44대)가 섰다.

원문

4 齊威王薨 子宣王辟强立 知成侯賣田忌 乃召而復之

5 燕文公薨 子易王立

6 衞成侯薨 子平侯立

【강목|절요】*

---

* 【강목】 내용없음 【절요】 내용없음

평설

　제나라의 성후란 추기(鄒忌, 기원전 385년~기원전 319년)를 말한다. 그는 제나라가 전(田)씨의 나라가 된 이후에 제 환공 전오(田午)의 신하였다가 전오의 아들 전인제가 뒤를 이어 위왕이 되었을 때에 하비(下邳, 강소성 비현)에 책봉되어 성후로 불리는 사람이다. 추기는 제 위왕에게 여러 신하들의 간언(諫言)을 받아들이라고 권고한 것으로 유명하며, 그것을 통하여 제를 부강하게 만들었다.

　그러나 7년 전인 주 현왕 28년에 위나라가 한을 공격했을 때에 제나라는 한을 돕기 위하여 손빈과 전기를 파견하였고, 이때 전기는 위의 방연을 대파하고 연전연승하는 전과를 거두었다.

　그러자 추기는 전기의 이러한 큰 공로가 결과적으로 재상인 자기의 지위에 위협적 요소가 될 수 있다고 생각하여 전기를 모함하기에 이른다. 이로 인해 전기는 제나라에 큰 공로를 세웠지만 제에 있을 수가 없어서 초나라로 도망했었다.

　보통 공로가 너무 커서 상으로 줄 수 없을 정도라면 위험하다고 한다. 왜냐하면 공로가 너무 크면 현 정권을 쥐고 있는 사람을 위협할 수 있기 때문에 현재 정권을 쥐고 있는 사람은 어떤 이유를 만들어서라도 공로를 세운 사람을 쫓아낸다는 것이다. 전기의 3전 3승(三戰三勝)하는 전과의 공로가 추기를 위협했으며 아울러 위왕을 위협한 것이다. 그래서 전기는 승리를 거둔 그해에 초로 망명할 수밖에 없었다. 이것이 정치이고 권력 투쟁이다.

그런데 위왕이 죽고 뒤를 이은 선왕은 전기가 모함 받았다는 사실을 알고 그를 다시 제로 오게 했다. 제나라에 권력 구조가 바뀌었음을 말하는 것이다. 그렇다면 모함을 한 추기가 벌을 받아야 할 터인데, 그가 벌을 받았다는 기록은 보이지 않고, 추기는 그 후로 14년이나 더 살았다.

전기와 추기는 제나라에서 맞수였던 것만은 틀림없지만 정치적 농간에서는 추기가 앞선 듯하다. 정치의 세계에 들어가려면 반드시 이러한 문제를 고려해야 한다. 이러한 문제를 잘 고려하면 노회한 사람이 된다. 그렇다면 노회하지 않으면 정치를 할 수 없는 것인가?

합종을 깨려는 진나라

원문번역

현왕 37년(己丑, 기원전 332년)

1 진의 혜왕(惠王; 26대, 嬴駟)이 서수(犀首)로 하여금 제·위를 속여서 함께 조를 치고 종약(約縱)을 파기하게 하였다. 조의 숙후(肅侯, 5대; 趙語)가 소진을 책망하자 소진은 두려워서 연에 사신으로 가서 반드시 이들 나라에 보복하게 해달라고 청하였다. 소진이 조를 떠나니, 종약(縱約)은 모두 해체되었다. 조인(趙人)들이 황하의 물을 터서 제·위의 군사진지로 쏟아 부으니 제·위의 군대가 마침내 철수하였다.

2 위에서 몰래 음진(陰晉, 섬서성 華陰縣)을 가지고 진에 화해하자고 하였는데, 실제로는 화음(華陰)이다.

3 제왕이 연을 쳐서 10개의 성(城)을 빼앗았는데, 이미 그리하고서 다시 회복시켜주었다.

원문

三十七年

1 秦惠王使犀首欺齊魏 與共伐趙 以敗從約 趙肅侯讓蘇秦 蘇秦恐 請
使燕 必報齊 蘇秦去趙而從約皆解 趙人決河水以灌齊魏之師 齊魏
之師乃去

2 魏以陰晉爲和於秦 實華陰

3 齊王伐燕 取十城 已而復歸之

【강목|절요】*

평설

소진에 의하여 합종이 이루어지자 진(秦)나라는 동쪽으로 진
출할 길이 막히게 되었다. 진의 입장에서도 이러한 국제적 움직
임에 가만히 있을 수는 없었다.

이때에 진에는 다른 종횡가가 있었는데, 서수라는 별명을 가
진 공손연이다. 그 역시 합종을 주장한 사람 가운데 하나였지만
이 시기에는 진에서 대량조라는 높은 관직을 가지고 있었기 때
문에 진을 위한 대책을 내놓아야 했다.

그리하여 진나라에서는 공손연[서수]을 시켜서 합종의 약속을

---

* 【강목】 (강) 三十七年 秦以齊魏之師伐趙 蘇秦去趙適燕 從約皆解 (목) 秦使公孫
衍欺齊魏伐趙 趙肅侯讓蘇秦 蘇秦恐 請使燕 必報齊 乃去趙而從約皆解 (강) 魏以
陰晉爲和於秦 (목) 實華陰 (강) 齊伐燕 【절요】 己丑 三十七年 秦惠王使犀首欺齊
魏 與共伐趙 以敗從約 趙肅侯讓蘇秦 蘇秦恐 請使燕 必報齊 蘇秦去趙而從約皆解

한 나라들끼리 서로 다투게 하였다. 그리하여 제와 위를 속여서 조를 공격하게 하였으니 합종의 맹약은 깨지게 되었다. 합종을 주관했던 소진은 입장이 곤란하게 되어 마침내 조를 떠났고, 결국 합종은 깨어진 것이다.

그리고 위나라는 땅을 떼어내서 진에 주고 화의를 하였으니 결국 연형(連衡)의 상태가 되고 말았다. 그뿐만 아니라 제와 연이 서로 다투게 되니 소진의 합종은 성과를 거두지 못한 셈이었다.

위를 공격하는 진과 장의의 활동

원문번역

현왕 39년(辛卯, 기원전 330년)

1 진이 위를 쳐서 초(焦城, 하남성 陝縣)와 곡옥(曲沃, 산서성 聞喜縣)을 포위하였다. 위는 소량(少梁, 섬서성 韓城縣)·하서(河西)의 땅을 진에 넣어주었다.

현왕 40년(壬辰, 기원전 329년)

1 진이 위를 쳤는데, 황하를 건너서 분음(汾陰, 산서성 榮河縣)과 피지(皮氏, 산서성 河津縣)를 빼앗고, 초성(焦城)을 뽑아버렸다.

2 초의 위왕(威王, 20대, 羋商)이 죽고, 아들 미회(羋槐; 懷王, 21대)가 섰다.

3 송공(宋公) 송척성(宋剔成, 34대)의 동생 송언(宋偃)이 송척성을 습격하자 송척성은 제로 도망하였고 송언이 스스로 서서 군주가 되었다.

현왕 41년(癸巳, 기원전 328년)

1 진의 공자(公子)인 영화(嬴華)·장의(張儀)가 군사를 거느리고 위의

진(秦)의 위(魏) 공격도 (기원전 329년)

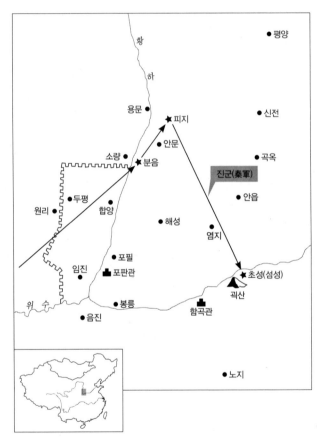

■도읍(국명)

①계성(燕)   ②함양(秦)   ③한단(趙)   ④임치(齊)   ⑤낙양(周)

⑥신정(韓)   ⑦대량(魏)   ⑧영도(楚)

포양(蒲陽, 산서성 永濟縣)을 포위하고 이를 빼앗았다. 장의는 진

왕에게 말하여 포양을 다시 위에 주고 공자 영요(嬴繇)를 위에

인질로 보내라고 청하였다.

장의는 이어서 위왕(魏王, 1대, 魏嗣)에게 유세하였다.

"진이 위를 대우하는 것이 대단히 후하니, 위는 진에 대하여

무례(無禮)할 수 없습니다."

이로 인하여 위는 상군(上郡, 섬서성 楡林縣)에 속한 15개의 현(縣)

을 다 들여보내 감사해 하였다. 장의는 돌아와서 진의 재상이

되었다.

원문

四十年

1 秦伐魏 度河取汾陰·皮氏 拔焦

2 楚威王薨 子懷王槐立

3 宋公剔成之弟偃襲攻剔成 剔成奔 齊偃自立爲君

四十一年

1 秦公子華張儀帥師圍魏蒲陽 取之 張儀言於秦王 請以蒲陽復與魏
而使公子繇質於魏 儀因說魏王曰 秦之遇魏甚厚 魏不可以無禮於秦
魏因盡入上郡十五縣以謝焉 張儀歸而相秦

【강목│절요】*

――――――――――

* 【강목】(강) 三十九年 秦伐魏 魏獻少梁·河西地於秦 四十年 秦伐魏 取汾陰·皮氏

평설

소진의 술수로 진(秦)으로 들어간 장의가 본격적으로 진을 위해 활동하기 시작한다. 서수의 계책으로 합종의 맹약이 해체되고 진은 계속하여 위나라를 공격하여 그 영토를 넓혀 갔다.

그러나 장의의 건의에 따라서 빼앗았던 위나라의 땅을 다시 위나라에 돌려주는 술수를 쓴다. 결과적으로 위나라는 상군(上郡)에 속한 15개 현을 진나라에 바쳐야 했다. 이러한 계략으로 합종의 맹약을 무력화한 공로로 진은 장의를 재상으로 삼는다.

이에 장의에 의하여 진나라가 동쪽에 있는 여섯 나라와 개별적으로 화친관계를 맺고자 하는 연형정책은 서서히 가동되기 시작한다.

拔焦 宋公弟偃逐其君而自立 四十一年 秦客卿張儀伐魏 取蒲陽 既而歸之 魏盡入上郡以謝 秦以儀爲相 (목) 【《통감》에는 앞에 있는 난왕 36년조에 실은 내용인데 《강목》에서는 이 내용을 끌어다가 여기에 실음】 張儀者 魏人 與蘇秦俱事鬼谷先生 學縱橫之術 游諸侯無所遇 蘇秦召而辱之 儀恐入秦 秦王悅之 以爲客卿 至是將兵伐魏取蒲陽 言於秦王請以復與魏 而使公子繇質焉 儀因說魏王曰 秦之遇魏甚厚 魏不可以無禮於秦 魏因盡入上郡十五縣以謝焉 儀歸而相秦 【절요】 내용없음

군현제를 추진하는 진

원문번역

현왕 42년(甲午, 기원전 327년)

1 진이 의거(義渠)를 현(縣)으로 만들고 그 군주를 신하로 만들었다.

2 진이 초성(焦城)·곡옥(曲沃)을 위에 돌려주었다.

원문

四十二年

1 秦縣義渠 以其君爲臣

2 秦歸焦·曲沃於魏

【강목|절요】*

----

* 【강목】(강) 四十二年 秦縣義渠 秦歸焦·曲沃於魏 【절요】내용없음

평설

　진이 의거를 자기들의 현(縣)으로 만들어 직접 통치하기 시작했다. 원래 의거는 오늘날의 경수(涇水) 북부에서 하투지역에 있었던 고대 민족 혹은 국가의 하나였다. 말하자면 자연발생적으로 존재했던 국가였는데, 진이 이를 지방조직으로 흡수한 것이다. 그 후로 진은 영역을 넓히면서 원래의 통치제도를 버리게 하고 직접 통치하는 군현제도로 바꾸어 간다.

　그리하여 진의 통일은 봉건제에서의 제후 대신 중앙에서 직접 파견한 관리로 하여금 통치하게 하는 군현제로 바뀌는 것에서부터 시작되었다. 이는 정치체제를 근본적으로 바꾸는 변화였다.

칭왕하는 제후국들

원문번역

현왕 43년(乙未, 기원전 326년)

1 조의 숙후(肅侯, 5대 趙語)가 죽고 아들 무령왕(武靈王, 6대)이 섰는데, 박문사(博聞師)를 세 명 두었으며 좌·우사과(左右司過)를 세명 두고, 먼저 선군(先君; 숙후)이 귀히 여겼던 신하 비의(肥義)에게 물어보고 그의 관질(官秩)을 덧붙여주었다.

현왕 44년(丙申, 기원전 325년)

1 여름, 4월 무오일(4일)에 진에서 처음으로 칭왕(稱王)하였다.

원문

四十三年

1 趙肅侯薨 子武靈王立 置博聞師三人 左右司過三人 先問先君貴臣
肥義 加其秩

四十四年

1 夏四月戊午 秦初稱王

평설

　현왕 43년에 조(趙)나라에서는 14살의 무령왕(기원전 340년~기원전 295년)이 그 아버지 숙후의 뒤를 잇는다. 어린 무령왕은 왕위에 오르면서 여러 보좌하는 사람을 주위에 두고 정치를 하게 하여 국력을 크게 신장시킨다. 특히 무령왕은 호복(胡服)을 수용한 것으로 유명하며, 또한 무령왕 시절부터 조나라는 칭왕을 하게 된다.

　그다음 해인 현왕 44년에는 진(秦)나라도 칭왕하기 시작한다. 이로써 위·제에 이어서 조·진이 칭왕을 하게 되었고, 하다못해 약한 송(宋)까지도 칭왕하는 상황이 되었다. 비록 한(韓)과 연(燕)이 아직 칭왕하지 않고 있었지만 주(周) 중심의 국제질서는 거의 다 깨어져 버린 셈이다.

---

* 【강목】(강) 四十三年 趙侯卒 (목) 肅侯嘗遊大陵 大戊午諫曰 耕事方急 一日不作 百日不食 肅侯下車謝 是歲薨 子武靈王立 (강) 四十四年 夏四月 秦初稱王【절요】丙申 四十四年 夏四月 秦初稱王

약한 나라가 살아남는 법

원문번역

2 위(衛)의 평후(平侯, 44대)가 죽고 아들 위사군(衛嗣君)이 섰다. 위에는 서미(胥靡)가 있었는데, 도망하여 위(魏)로 갔고, 이로 인하여 위(魏) 왕후의 병을 치료하였다. 위사군은 이 말을 듣고 50금(金)을 가지고 이를 구매하겠다고 청하였다. 다섯 번이나 돌려보내고 위(魏)에서는 주지 아니하자 마침내 좌지(左氏, 지금의 어느 곳인지 모름)를 가지고 그를 바꾸었다.

주위 사람들이 간하였다.

"무릇 하나의 도읍을 가지고 하나의 서미를 교환한다니 옳습니까?"

위사군이 말하였다.

"그대들이 알 바가 아니다! 무릇 잘 다스리는 데는 작은 것이란 없는 것이고 혼란이 일어나는 데는 크다는 것이 없다. 법이 세워지지 않고 주살하는 것이 반드시 집행되지 않으면 비록 열 개의 좌지(左氏)를 갖고 있다고 하더라도 아무런 이익이 없을 것이다. 법이 세워지고 주살하는 것이 반드시 시행되면 열 개의 좌지를 잃어도 해로울 것이 없다."

위(魏)왕이 이 소식을 듣고 말하였다.

"인주(人主)가 바라는 것이니 이를 들어주지 않으면 상서롭지 않겠다."

이어서 실어서 가게 하자 다만 이것을 바쳤다.

원문

2 衛平侯薨 子嗣君立 衛有胥靡亡之魏 因爲魏王之后治病 嗣君聞之 請以五十金買之 五反 魏不與 乃以左氏易之 左右諫曰 夫以一都買 一胥靡 可乎? 嗣君曰 非子所知也! 夫治無小 亂無大 法不立 誅不 必 雖有十左氏 無益也 法立 誅必 失十左氏 無害也 魏王聞之曰 人 主之欲 不聽之不祥 因載而往 徒獻之

【강목|절요】*

평설

위(衛)나라는 중원지역에 있는 나라여서 강대국들에게 둘러싸여 있는 완충국이었다. 그래서 위나라의 제후는 다른 나라들이 칭왕을 할 때에도 경우에 따라서는 공(公)을 칭하지도 못하고 후 (侯)를 칭하였던 나라다. 그러나 진나라가 6국을 멸망시키고 천

---

* 【강목】 내용없음 【절요】 내용없음

하통일을 할 적에도 위나라는 끝까지 남아 있었다. 그리하여 6국 가운데 가장 늦게 멸망한 제(齊)나라가 망하던 기원전 221년에도 그 명칭만은 그대로 유지한다. 그리고 그 후 12년이 더 지난 진(秦) 시황제 원년인 기원전 209년에 가서야 멸망한다. 말하자면 약하지만 오래도록 명맥을 지켜 온 것이다.

그 이유는 어디에 있을까? 위(衛)나라에서는 법을 위반한 사람은 어떠한 경우, 어떠한 손해를 감수하더라도 반드시 그를 처벌하려는 노력이 있었다. 그러기 때문에 강한 위(魏)나라로 와서, 더구나 위나라 왕후의 병을 고쳐 준 서미였지만 커다란 위(魏)나라는 작은 위(衛)나라의 요구대로 죄인 서미를 돌려보낼 수밖에 없었다.

어려운 국제사회에서 약소국이 버틸 수 있는 힘은 원칙에 따라서 원칙대로 나라를 다스리는 데 있음을 이 경우에서 볼 수 있다.

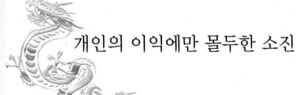

개인의 이익에만 몰두한 소진

원문번역

현왕 45년(丁酉, 기원전 324년)

1 진의 장의가 군사를 거느리고 위(魏)를 치고 섬(陝, 하남성 陝縣)을 빼앗았다.

2 소진이 연의 문공(文公, 37대, 기원전 333년에 죽음)의 부인과 정을 통하였는데, 역왕(易王, 38대)이 이를 알았다. 소진은 두려워서 마침내 역왕에게 유세하였다.

"신이 연에 머물면 연을 중시하게 할 수는 없지만 제에 있게 된다면 연을 중시하게 할 수 있습니다."

역왕이 이를 허락하였다.

마침내 거짓으로 연에서 죄를 지어 가지고 제로 도망하자 제의 선왕(宣王)이 객경(客卿)으로 삼았다. 소진이 제왕에게 유세하여 궁실(宮室)을 높이 짓고, 원유(苑囿, 임금의 정원)를 크게 하여 뜻하는 것을 얻었음을 밝혀서 제를 피폐하게 하여 연을 위하고자 하였다.

현왕 46년(戊戌, 기원전 323년)

1 진의 장의가 제·초의 재상과 열상(齧桑, 강소성 沛縣)에서 회합하였다.

원문

四十五年

1 秦張儀帥師伐魏 取陝

2 蘇秦通於燕文公之夫人 易王知之 蘇秦恐 乃說易王曰 臣居燕不能使燕重 而在齊則燕重 易王許之 乃僞得罪於燕而奔齊 齊宣王以爲客卿 蘇秦說齊王 高宮室 大苑囿 以明得意 欲以敝齊而爲燕

四十六年

1 秦張儀及齊 楚之相會齧桑

【강목|절요】*

평설

소진의 술수로 진(秦)으로 들어간 장의는 진을 위하여 위를 쳐서 영역을 넓히고, 중원지역에 있는 나라는 제외하고 남쪽과

---

*【강목】(강) 四十五年 秦張儀伐魏取陝 蘇秦自燕奔齊 (목) 蘇秦通於燕文公之夫人 恐得罪 說易王曰 臣居燕不能使燕重 而在齊則燕重 王許之 乃僞得罪於燕而奔齊 齊宣王以爲客卿 蘇秦說齊王高宮室 大苑囿 以明得意 欲以敝齊而爲燕 (강) 四十六年 秦張儀楚會于齧桑【절요】丁酉 四十五年 蘇秦說易王曰 臣居燕不能使燕重 而在齊則燕重 易王許之 乃僞得罪於燕而奔齊 齊宣王以爲客卿 蘇秦說齊王高宮室 大苑囿 以明得意 欲以敝齊而爲燕

동쪽에 있는 초·제와 국제회의를 개최한다. 여전히 남아 있을
수 있는 합종의 기미를 없애려는 것이었다.

그러나 먼저 합종을 주장하여 화려하게 6국의 재상을 겸하여
가졌던 소진은 자기가 어떻게 하는 것이 유리한 지만을 염두에
두고 활동하였다. 그는 연나라에서 왕의 부인과 정을 통하고 그
죄를 모면하고자 제로 가서 거짓으로 제왕에게 유세하여 궁궐
을 짓고 사치하게 하여 국력을 약화시키겠다는 잔꾀를 부렸다.
꾀만 가지고 있는 소진의 말로였다.

칭군을 원한 조 무령왕

원문번역

2 한·연이 모두 칭왕(稱王)하였다. 조의 무령왕(武靈王)이 홀로 이
를 인정하지 않고 말하였다.

"그 알맹이를 갖고 있지 않으면서 감히 이름으로 산단 말인
가?"

나라 사람에게 명령하여 자기를 '군(君)'이라고 부르게 하였다.

원문

2 韓·燕皆稱王 趙武靈王獨不肯 曰 無其實 敢處其名乎! 令國人謂已
曰君

【강목|절요】*

---

* 【강목】 (강) 韓·燕皆稱王 (목) 時諸侯皆稱王 趙武靈王獨不肯 曰 無其實 敢處其
名乎! 令國人謂已曰君 【절요】 내용없음

평설

초·진·제·위 등 강한 제후들이 각기 속속 칭왕을 하는 분위기 속에서 한과 연도 칭왕을 하여서 이른바 전국7웅들은 모두 칭왕을 하였다.

그런데 조 무령왕의 칭왕은 조금 상황이 달랐다. 연과 한이 칭왕을 하였을 때에 조 무령왕은 이를 인정하지도 않고 따르지도 않았다. 동시에 자기를 공(公)이나 후(侯)도 아닌 군(君)으로 부르게 하였다. 공연히 실속은 없으면서 그 명칭만 큰 것을 사용하는 것이 아무런 의미가 없다고 생각했기 때문이다.

조 무령왕이 나중에 자기 아들에게 자리를 넘겨주면서 자기를 주부(主父, 주군의 아버지)로 부르라고 한 것에서 살아 있는 동안에는 칭왕을 하지 않았다는 것을 알 수 있다. 그야말로 평범하게 사용하는 '아버지'라는 용어로 부르게 하였던 것이다. 이렇게 주군(主君)이 스스로 겸사(謙辭)를 사용하였다. 그에게 무령왕이라는 호칭을 가져다준 것은 그가 죽은 다음의 시호가 무령왕이기 때문에 역사에서 무령왕으로 호칭하고 있을 뿐이다.

그러한 조 무령왕은 비록 사구에서 굶어 죽는 불행을 당하였지만, 조나라를 강하게 하여 중산국을 점령하는 등 영역을 넓혔던 입지적인 인물이다.

교활한 장의와 진나라

원문번역

현왕 47년(己亥, 기원전 322년)

1 진의 장의가 설상(齧桑, 강소성 沛縣)에서 돌아오자 재상에서 면직되고 위(魏)의 재상이 되었는데, 위(魏)로 하여금 먼저 진을 섬기게 하여 제후들이 이를 본받게 하려고 하였으나 위왕이 듣지를 않았다.

진왕이 위(魏)를 쳐서 곡옥(曲沃, 산서성 聞喜縣)·평주(平周, 산서성 介休縣)를 빼앗고, 다시 몰래 장의를 두텁게 해주는 것이 더욱 심하였다.

현왕 48년(庚子, 기원전 321년)

1 왕[顯王]이 죽고, 그의 아들 신정왕(愼靚王, 42대) 희정(姬定)이 섰다.

2 연의 역왕(易王)이 죽고, 아들 희쾌(姬噲)가 섰다.

원문

四十七年

1 秦張儀自齧桑還而免相 相魏 欲令魏先事秦而諸侯效之 魏王不聽
秦王伐魏 取曲沃平周 復陰厚張儀益甚

四十八年

1 王崩 子愼靚王定立

2 燕易王薨 子噲立

【강목|절요】*

평설

장의는 진(秦)에 들어간 이후에 진을 위하여 여러 일을 했다.
그런데 장의가 초·제와 국제회의를 마치고 돌아오자 진에서는
그를 재상에서 면직시켰다. 겉으로는 진에서 장의가 실각한 모
습이었고, 이러한 까닭에 이웃인 위에 가서 재상이 되었다.

그러나 위나라에 가서 장의가 한 일은 위를 위한 것이 아니
고 오히려 재상의 지위를 이용하여 위로 하여금 진을 섬기게 하
려는 것이었다. 위나라가 진을 섬기게 한 다음에 다른 제후국들
에게도 진을 섬기게 하려는 속셈이었다. 요즈음 말로 표현하면

---

* 【강목】(목) 秦相張儀免 出相魏 【《통감》에는 46년조에 있음】(강) 四十七年 秦伐
魏 取曲沃平周 (목) 儀相魏 欲令魏先事秦而諸侯效之 魏王不聽 秦伐魏 取二邑 而
陰厚張儀益甚 (강) 四十八年 王崩 子定立 (목) 是爲愼靚王 【절요】己亥 四十七年
秦張儀免相 相魏 欲使魏先事秦而諸侯效之 魏王不聽 秦王復陰厚張儀益甚 庚子
四十八年 王崩 子愼靚王定立

위나라는 진나라의 간첩인 장의를 재상으로 삼은 것이다.

그러나 위 혜왕이 장의의 말을 듣지 않자 진은 위나라를 쳐서 그 영역을 넓혀 나갔다. 아마도 장의가 진이 위를 공격하기 쉽도록 조치하지는 않았을까? 진나라 왕과 장의는 미리 약속한 사이였기 때문에 진왕은 보이지 않게 위나라의 재상이 된 장의를 적극적으로 후대하고 있었고 장의는 대신 진나라가 위의 땅을 뺏도록 보이지 않는 조치를 취하였을 것이다.

위나라 입장에서는 재상이 진의 간첩이었으니, 그 정치가 어떻게 되었을지는 보나 마나이다. 국제 간에는 이러한 일이 보이지 않게 무수히 일어나고 있을 것이다.

이를 겉만 보고 장의와 진왕의 교활을 나무라기도 하지만, 사실 전국시대의 본질은 속이는 것을 똑똑한 것으로 아는 시대였으므로 장의와 진왕은 똑똑하다고 할 수 있다. 정말로 위나라 왕이 똑똑하다면 이를 분명히 간파할 수 있어야 했다.

원래 국제 관계란 교활한 것인데, 이를 간파하지 못하였으니, 하릴없이 장의만 탓할 수 있을까? 위왕은 오히려 스스로 부족함은 반성해야 할 것이다. 속이는 사람만 잘 못이고 속는 사람이 죄 없다고 할 수는 없다.

인재가 힘이다, 맹상군의 등장

원문번역

3 제왕이 전영(田嬰)을 설(薛, 서주라고도 함. 지금의 산동성 滕縣)에 책봉
하고 정곽군(靖郭君)이라고 불렀다. 정곽군이 제왕에게 말하였
다.

"오관(五官, 다섯 명의 大夫)의 계책을 매일 듣고 자주 살펴보지 않
으면 안 됩니다."

왕은 이 말을 따랐지만 이미 그리하고 나서는 이것에 염증을
느껴서 모두 정곽군(靖郭君)에게 위탁하였다. 정곽군은 이로 말
미암아서 제의 권력을 오로지할 수 있었다.

정곽군이 설(薛)에 성을 쌓고자 하였는데, 객(客)이 정곽군에게
말하였다.

"그대는 바다에 큰 물고기가 있다는 말을 듣지 못하였습니
까? 그물로 붙잡아둘 수 없고 낚시로 끌어당길 수 없지만, 싹
쓸어버려서 물을 없애버리게 하면 땅강아지나 개미도 통제할
수 있습니다. 지금 무릇 제는 또한 그대의 물입니다. 군장(君

長)께서는 제를 갖고 계신데 어찌하여 설(薛)을 가지려고 합니까! 만약에 제를 잃으면 비록 설의 성을 높이 쌓아 하늘에 닿은들 늘 믿을 만하겠습니까?"

마침내 성을 만들지 않았다.

정곽군은 아들이 40명이 있었고, 그 천첩의 아들이 있었는데 전문(田文)이라고 하였다. 전문은 통달하고 뛰어났으며, 지략에도 여유가 있었는데, 정곽군에게 유세하여 재산을 흩어서 선비들을 기르게 하였다.

정곽군은 전문으로 하여금 집안에서 빈객을 대접하는 일을 주관하게 하니 빈객(賓客)들이 다투어 그의 멋있음을 칭찬하면서 모두 정곽군에게 전문을 후사로 삼으라고 청하였다. 정곽군이 죽자 전문이 뒤를 이어 설공(薛公)이 되니, 호칭하여 맹상군(孟嘗君)이라고 하였다.

맹상군은 제후들의 유사(游士)와 죄를 짓고 도망치는 사람까지 불러 모으고, 모두 집과 직업을 갖게 하며, 이들을 후하게 대우하였는데, 그들의 친척까지 구하여주는 일이 있으니 식객(食客)은 늘 수천 명이나 되었고, 각기 스스로 맹상군이 자기와 친하다고 생각하니, 이로 말미암아서 맹상군의 이름이 온 천하에서 중시되었다.

원문

3 齊王封田嬰於薛 號曰靖郭君 靖郭君言於齊王曰 五官之計 不可不

日聽而數覽也 王從之 已而厭之 悉以委靖郭君 靖郭君由是得專齊
之權

靖郭君欲城薛 客謂靖郭君曰 君不聞海大魚乎? 網不能止 鉤不能牽
蕩而失水 則螻蟻制焉 今夫齊 亦君之水也 君長有齊 奚以薛爲! 苟
爲失齊 雖隆薛之城到于天 庸足恃乎! 乃不果城

靖郭君有子四十人 其賤妾之子曰文 文通儻饒智畧 說靖郭君以散財
養士 靖郭君使文主家待賓客 賓客爭譽其美 皆請靖郭君以文爲嗣
靖郭君卒 文嗣爲薛公 號曰孟嘗君 孟嘗君招致諸侯遊士及有罪亡人
皆舍業厚遇之 存救其親戚 食客常數千人 各自以爲孟嘗君親已 由
是孟嘗君之名重天下

【강목|절요】*

평설

전국시대 말에 오면서 진(秦)이 점점 더 강하게 되자 각국에서
는 진의 침략을 막고 위기에 처할 수도 있는 자기 나라를 구하
기 위하여 많은 인재를 모으는 풍조가 일어났다. 인재가 많으면

---

*【강목】(강) 齊號薛公田文爲孟嘗君 (목) 初齊王封田嬰於薛 號曰靖郭君 嬰言於
齊王曰 五官之計 不可不日聽而數覽也 王從之 已而厭之 悉以委嬰 嬰由是得專齊
之權 嬰有子四十餘人 其賤妾之子曰文 通儻饒智畧 說靖郭君以散財養士 靖郭君使
文主家待賓 各賓客爭譽其美 請以文爲嗣 嬰卒 文嗣立 號孟嘗君 招致諸侯遊士及
有罪亡人 食客常數千人 名重天下【절요】齊田文嗣爲薛公 號曰孟嘗君 招致諸侯
遊士及有罪亡人 皆厚遇之 食客常數千人 各自以爲孟嘗君親已 由是孟嘗君之名重
天下

그들의 머리에서 좋은 방안이나 대책이 나올 수 있다는 것을 알았기 때문이었다. 이러한 것을 보통 '양사(養士)'의 풍조라고 말한다.

그러나 일반적으로 사람을 모으려면 돈이 있어야 했으니 당연히 경제적 여유가 있는 공자(公子)들 가운데 뜻있는 사람들이 할 수밖에 없었다. 공자란 제후왕의 아들을 말하는 것이므로 뜻만 있다면 식객(食客)을 끌어 모으는 것은 가능하였다.

이러한 사람들 가운데 네 명이 유명하여 역사에 이름을 올리는데, 제(齊)의 맹상군(孟嘗君)과 조(趙)의 평원군(平原君), 그리고 위(魏)의 신릉군(信陵君)과 초(楚)에 춘신군(春申君)이다. 이들을 보통은 '전국사공자(戰國四公子)'라고 한다.

《자치통감》에서 이들 사공자의 활약상을 볼 수 있다. 전국시대에 와서 사(士) 계층이 크게 등장하는데, 이들이 등장하게 되는 배경에는 문무(文武) 간에 이들을 뒤에서 보살펴 주는 공자(公子)들의 역할이 컸다고 할 수 있다. 만약에 귀족인 이들 공자들의 양사(養士)의 기풍이 없었다면 새로운 시대는 열 수 없었을 것이다.

사실 근세의 문예부흥도 따지고 보면 재정적 능력이 있는 사람들의 적극적인 지원 아래에서 이루어진 것이다. 새로운 시대를 열어가기 위해서 재정적 뒷받침의 중요함을 볼 수 있다.

사공자를 보는 사마광의 시각

원문번역

신 사마광이 말씀드립니다.

'군자가 선비를 기르는 것은 백성들을 위한 것입니다.《주역》에서 말하기를 '성인이 현명한 사람을 기르면 만민에 미친다.'고 하였습니다. 무릇 현명하다는 것은 그 덕이 올바른 풍속을 충분히 두텁게 만들 수 있어야 하고, 그 재주는 기강을 정돈하여 충분히 떨쳐야 하고 그 밝기로는 충분히 먼지도 비추어 알고, 먼 곳의 일도 고려하여야 하며, 그의 강함은 충분히 인(仁)과 의(義)를 단단히 하여야 하는데, 그것이 크다면 천하를 이롭게 하고, 적다하여도 한 나라를 이롭게 합니다.

이리하여 군자에게는 풍성한 녹봉으로 그를 부유하게 하고 작위를 높여서 그 사람을 높이는 것이며, 한 사람을 길러 만 사람에게 미치게 하는 것이 현명한 사람을 기르는 길입니다.

이제 맹상군이 선비들을 기르는 데는 지혜롭거나 어리석음을 가리지 않고, 선한지 아닌지를 고르지 않으면서 그 임금의 녹

봉만 도적질하여 사사로운 무리를 세워서 빈 청찬만을 늘리고 있으니 위로는 그의 임금을 모욕하는 것이고, 아래로는 그의 백성들을 좀 먹은 것이니, 이는 간사한 사람의 영웅이지, 어찌 충분히 숭상할 만하겠습니까! 《서경(書經)》에 이르기를 '수(受)는 천하의 모든 도적놈들의 주군이고 모이는 연못이거나 숲이다.'라고 하였으니, 이런 것을 말하는 것입니다.'

원문

臣光曰 君子之養士 以爲民也 易曰 聖人養賢以及萬民 夫賢者 其德足以敦化正俗 其才足以頓綱振紀 其明足以燭微慮遠 其强足以結仁固義 大則利天下 小則利一國 是以君子豐祿以富之 隆爵以尊之 養一人而及萬人者 養賢之道也 今孟嘗君之養士也 不恤智愚 不擇臧否 盜其君之祿 以立私黨 張虛譽 上以侮其君 下以蠹其民 是姦人之雄也 烏足尙哉! 書曰 受爲天下逋逃主·萃淵藪 此之謂也

【강목|절요】*

---

* 【강목】(목) 司馬公曰 君子之養士 以爲民也 今田文盜其君之祿 以立私黨 張虛譽 上以侮其君 下以蠹其民 是姦人之雄耳 書所謂 逋逃主·萃淵藪 此之謂也 【절요】 溫公曰 君子之養士 以爲民也 易曰 聖人養賢以及萬民 夫賢者 其德足以敦化正俗 其才足以頓綱振紀 其明足以燭微慮遠 其强足以結仁固義 大則利天下 小則利一國 是以君子豐祿以富之 隆爵以尊之 養一人而及萬人者 養賢之道也 今孟嘗君之養士 也 不恤智愚 不擇臧否 盜其君之祿 以立私黨 張虛譽 上以侮其君 下以蠹其民 是姦人之雄也 烏足尙哉! 書曰 受爲天下逋逃主·萃淵藪 此之謂也

평설

사마광은 맹상군이 선비를 양성한 것은 천하의 백성을 위한 것이 아니고 개인의 이익을 극대화하기 위한 것이기 때문에 바람직한 일이 아니라고 평가하였다. 사마광은 북송시대를 살면서 정치적 이상으로 유가적 성인 군주의 등장을 지향하고 있었다.

그래서 《자치통감》을 편찬하면서 황제에게 정치의 방법을 알려주려는 데에 그 목적을 두고 있었다. 그러기 때문에 유가적 도덕주의에 입각하지 않은 전국시대의 풍조에 찬동하지 않았다. 단순히 이 사건을 통해 사마광은 그의 정치철학을 말한 것이며, 정치 이상론을 말하며 제왕을 교육하려 하였던 것이다.

그러나 맹상군이 살던 시대는 주나라의 질서가 무너져가고 있던 전국시대였다. 다시 말하면 예치(禮治) 시스템으로 움직이던 국제질서는 무너졌고, 새로운 질서는 아직 확립되지 않은 무한 경쟁의 시대였다. 이러한 무한 경쟁의 시대에 도덕적 기준으로 옥석을 구분하여 인재를 모은다면 새로운 시대에 적응하기 어려웠을 것이다. 시대의 변화와 함께 삶의 방법도 변하는 것이고, 인재에 대한 시각도 변하는 것이 시대에 적응해가는 길이다.

열린 마음을 가진 맹상군

원문번역

4 맹상군이 초에 보빙(報聘)하였는데 초왕이 맹상군에게 상아로
만든 침대를 주었다. 등도직(登徒直)이 이를 운송(運送)하게 되자
이를 시행하고 싶지가 않아서 맹상군의 문인 공손술(公孫戌)에
게 말하였다.

"상아 침대의 값은 천금인데 만약에 그것을 머리카락만큼이
라도 상처를 입히면 처자식을 다 팔아도 이를 갚지 못할 것이
오. 족하(足下)가 저로 하여금 운송하지 않게 한다면 선대부터
내려오는 보검(寶劍)이 있는데, 바라건대 내가 이를 바치고 싶
습니다."

공손술이 허락하고 들어가서 맹상군을 보고 말하였다.

"작은 나라들이 모두 그대에게 재상의 도장을 보내오는 것은
그대가 빈궁한 것을 떨쳐 통달할 수 있고, 망한 것을 살리고
끊어진 것을 이어주기 때문이니, 그러므로 그대의 의로움을
좋아하지 않는 사람이 없고, 그대의 청렴함을 흠모하는 것입

니다. 이제 처음으로 초에 왔는데, 상아 침대를 받는다면 아직 가지 않은 나라에서는 무엇을 가지고 그대를 대접해야 합니까?"

맹상군이 말하였다.

"좋소."

드디어 받지 않았다.

공손술이 잰걸음으로 밖으로 나가는데, 아직 가운데 있는 문에 이르지 못하였을 때 맹상군이 그를 불러서 돌아오게 하고 말하였다.

"그대는 어떻게 하여서 발을 높이 들며 걷고, 뜻도 펄펄 나는 것이오?"

공손술이 사실대로 말하였다. 이 말을 듣고 맹상군이 문판(門版, 문의 양옆에 있는 판자)에다 써놓았다.

"나 전문(田文)의 이름을 날릴 수 있는 사람과 나 전문의 허물을 그치게 할 수 있는 사람, 그리고 밖에서 사사로이 보물을 얻은 사람이 있으면 빨리 들어와서 나에게 간하라."

원문

4 孟嘗君聘於楚 楚王遺之象牀 登徒直送之 不欲行 謂孟嘗君門人公
  孫戌曰 象牀之直千金 苟傷之毫髮 則賣妻子不足償也 足下能使僕
  無行者 有先人之寶劍 願獻之 公孫戌許諾 入見孟君曰 小國所以皆
  致相印於君者 以君能振達貧窮 存亡繼絶 故莫不悅君之義 慕君之

廉也 今始至楚而受象牀 則未至之國將何以待君哉! 孟嘗君曰 善 遂

不受 公孫戌趨去 未至中閨 孟嘗君召而反之 曰 子何足之高 志之揚

也? 公孫戌以實對 孟嘗君乃書門版曰 有能揚文之名 止文之過 私得

寶於外者 疾入諫

【강목|절요】*

평설

이 이야기는 맹상군이 유명해진 다음에 초나라에 가서 고가
의 상아 침대를 선물 받았던 일을 쓴 것이다. 이 침대를 제나라
로 옮기는 임무를 받은 맹상군의 부하 등도직은 옮기는 일을 하
지 않으려고 뇌물을 받아서는 안 되는 이유를 들어서 맹상군이
고가의 침대를 받지 않도록 설득했다.

등도직의 원래 목표는 침대를 옮기는 일을 하려 하지 않은
것인데, 이 목표를 달성하기 위하여 직접 침대를 옮기기 싫다고
말한 것이 아니고, 다른 이유 즉 큰 인물이 되려면 뇌물을 받지
말라는 정당한 이유를 찾아내서 맹상군에게 뇌물을 받지 말라
고 한 것이다.

말하자면 등도직이 원래 뇌물을 받으면 안 된다는 철학을 가

---

* 【강목】(목) 孟嘗君聘於楚 楚王遺之象牀 登徒直送之 不欲行 謂公孫戌曰 足下能
使僕無行者 有先人之寶劍 願獻之 戌許諾 入見曰 小國所以皆致相印於君者 悅君
之義 慕君之廉也 今始至楚而受象牀 則未至之國何以待君哉! 孟嘗君曰 善 遂不受
戌趨去 未至中閨 孟嘗君召而反之 曰 子何足之高 志之揚也? 戌以實對 孟嘗君乃
書門版曰 有能揚文之名 止文之過 私得寶於外者 疾入諫【절요】내용없음

진 사람은 아니었지만 자기의 목표를 위하여 뇌물을 받으면 안 된다는 큰 논리를 가지고 맹상군을 설득한 것이다. 보기에 따라서는 등도직은 주인을 감언이설로 속였다고 볼 수 있다.

맹상군도 이러한 등도직의 속셈을 간파하였다. 하지만 자기를 설득한 논리만은 훌륭하다고 생각하여 이를 적극적으로 수용했다. 여기에서 맹상군의 열린 마음을 볼 수 있는 것이다.

우리가 반드시 도덕군자에게만 배우는 것은 아니다. 때로는 악한 사람에게서도 배울 수 있고 교활한 사람에게서도 배울 것은 얼마든지 있다. 다만 받아들이는 사람의 마음의 크기에 달려 있는 것이다.

***

원문번역

신 사마광이 말씀드립니다.

맹상군은 간하는 말을 채용할 수 있었다고 할 수 있습니다. 만약에 그 말이 옳다고 하면 비록 남을 속이려는 마음을 품고 있었다고 하더라도 오히려 이를 채용하였는데 하물며 충성을 다하고 사사로움이 없이 그 윗사람을 섬기려는데 있어서야! 《시경(詩經)》에서 이르기를 '무 잎을 따고 비(菲)나물을 따자. 그 밑의 뿌리는 상관할 것 없다.'라고 하였는데 바로 맹상군이 그러하였습니다.

원문

臣光曰 孟嘗君可謂能用諫矣 苟其言之善也 雖懷詐諼之心 猶將用
之 況盡忠無私以事其上乎! 詩云 采葑采菲 無以下體 孟嘗君有焉

【강목│절요】*

평설

　사마광은 맹상군이 도덕적 기준을 가지지 않고 인재를 영입
한 것을 비판했지만 이 부분에서는 맹상군이 간언을 채용하는
데 있어서 간언하는 사람의 도덕적 기준이 아닌 간언의 내용을
보고 수용 여부를 결정한 것에 찬성을 표시하였다.

　사마광은 인재를 기를 때는 도덕적 기준을 가져야 하지만,
간언을 받아들일 때는 간언하는 사람의 도덕적 기준을 적용하
지 않아야 된다는 생각을 한 것이다. 이러한 태도는 자신을 성
장시키는데 큰 도움이 될 것은 분명하다.

---

* 【강목】(목) 司馬公曰 孟嘗君可謂能用諫矣 苟其言之善也 雖懷詐諼之心 猶將用
之 況盡忠無私以事其上乎! 詩曰 采葑采菲 無以下體 孟嘗君有焉 【절요】내용없음

어떤 정치체제를 만들 것인가?

원문번역

5 한의 선혜왕(宣惠王)이 공중(公仲)·공숙(公叔) 두 사람을 임용하여 정치를 하게 하려고 하고서 무류(繆留)에게 물었다. 대답하였다.

"안 됩니다. 진(晉)에서는 여섯 명의 경(卿)을 임용하였다가 나라가 나뉘었고, 또 제의 간공(簡公)은 진성자(陳成子)와 감지(闞止)를 채용했다가 피살되었으며, 위(魏)에서는 서수(犀首)와 장의를 채용하였다가 서하(西河, 황하의 서쪽) 밖의 땅이 없어졌습니다.

이제 주군께서 두 사람을 함께 채용하신다면 힘 있는 사람은 안으로는 무리를 모아 당을 만들 것이며, 그 힘이 적은 사람은 밖에 있는 권력에 의지할 것입니다. 많은 신하들이 안으로 당을 만들어서 그들의 주인을 교만하게 하며 또 밖으로는 교섭하며 땅을 베어줄 것인데, 주군의 나라는 위태로워집니다."

원문

5 韓宣惠王欲兩用公仲·公叔爲政 問於繆留 對曰 不可 晉用六卿而國分 齊簡公用陳成子及闞止而見殺 魏用犀首·張儀而西河之外亡 今君兩用之 其多力者內樹黨 其寡力者藉外權. 群臣有內樹黨以驕主 有外爲交以削地 君之國危矣

【강목|절요】*

평설

한나라 선혜왕은 위후(威侯)시절이던 3년 전에 위 혜왕과 더불어 회합을 갖고 함께 칭왕하기로 하였던 사람이다. 그리고 그 2년 뒤인 기원전 323년에 정식으로 칭왕하였다.

선혜왕은 스스로 주나라 천자가 사용하는 왕(王)이라는 호칭을 사용하면서부터 더욱 강한 나라를 만들고자 하였다. 그 일환으로 어떤 정치체제를 만들 것이냐를 두고 고민했다.

그리하여 공중과 공숙 두 사람에게 정치를 맡겨 국정을 운영하고자 하였다. 생각이 여기에까지 미치자 선혜왕은 자신의 생각을 무류에게 물었고, 무류는 이를 적극적으로 반대하였다. 두 사람에게 정치를 맡긴다면 나라가 갈라진다는 이유 때문이었다.

그렇다면 단 한 사람에게 정치를 맡기면 원활한 통치가 가능

할까? 아닐 것이다. 그렇게 하면 아마 왕의 자리를 빼앗길지 모른다. 제왕 밑에 있는 신하에게 정치를 전적으로 맡겼다가 나라를 빼앗긴 사례는 제(齊)에 있었다. 제나라에서 전(田)씨에게 나라를 맡겼다가 전씨가 제나라 제왕이 된 것이다.

강한 나라를 만드는 것이 단순히 나라를 두 사람에게 맡기느냐 한 사람에게 맡기느냐에 달린 것은 아니다. 그것은 제일 높은 자리에 있는 선혜왕이 아랫사람을 적절하게 지휘할 수 있는 능력을 가지고 있는지에 달려 있다. 그러므로 왕을 보좌하여 정치를 주관할 사람이 한 사람이냐 두 사람이냐는 그다지 중요하지 않다. 가장 중요한 것은 제왕이 된 사람 그 자신이다.

이 도서의 국립중앙도서관 출판시도서목록(CIP)은 e-CIP홈페이지(http://www.nl.go.kr/ecip)
와 국가자료공동목록시스템(http://www.nl.go.kr/kolisnet)에서 이용하실 수 있습니다.
(CIP제어번호: CIP2015025753)

평설자치통감 권002 · 전국시대02

2015년 10월 24일 초판 1쇄 찍음
2015년 10월 30일 초판 1쇄 펴냄

지은이 권중달
펴낸이 정철재
만든이 권희선 문미라
디자인 정은정

펴낸곳 도서출판 삼화
등 록 제320-2006-50호
주 소 서울 관악구 남현1길 10, 2층
전 화 02) 874-8830
팩 스 02) 888-8899
홈페이지 www.tonggam.com | www.samhwabook.com

ISBN 979-11-5826-019-4 (04910)
ISBN 979-11-5826-017-0 (세트)

* 책값은 표지 뒤쪽에 있습니다.
* 잘못 만들어진 책은 구입하신 서점에서 바꿔드립니다.